Pascal Voggenhuber

Leben in zwei Welten

GIGER

Pascal Voggenhuber

Leben in zwei Welten

Ich bin jung und hellsichtig

Giger Verlag

4. Auflage 2008

Tel. 0041 55 442 68 48
www.gigerverlag.ch

Umschlaggestaltung: FranklDesign, München,
unter Verwendung einer Foto-Retusche von Roland Poferl
sowie einer Illustration von Mona Becker
Layout: Roland Poferl Print-Design, Köln
Druck und Bindung: GGP Media GmbH, Pößneck
Printed in Germany

ISBN 978-3-9523202-1-1

Inhalt

Vorwort

Wir befinden uns jetzt im Jahr 2006. Ich sitze wieder einmal vor meinem Laptop und schreibe ein Buch. Nach meinem ersten Buch, das damals im Eigenverlag erschien, habe ich noch einige Bücher angefangen und wieder verworfen. Ich wollte eigentlich als Nächstes eines herausbringen, das »Liebe aus Atlantis« heißt. Doch als ich mit meiner Verlegerin über mein erstes Buch sprach, fiel mir etwas an mir auf. Auch wenn seitdem fünf Jahre vergangen sind, versuche ich immer noch, meine Medialität zu verstecken. Immer noch versuche ich, Geschichten zu Papier zu bringen, die im Grunde Autobiografien sind, aber ich kann sie nicht in der Ich-Form schreiben. Ich schreibe, als würde ich mich selbst nicht kennen.

Vielleicht ist genau das eines der Probleme, die wir Menschen haben? Wir kennen uns nicht! Wir machen uns etwas vor! Ich weiß es nicht. Ich kann nicht sagen, ob es auch auf dich, lieber Leser, zutrifft, ich weiß nur, dass ich mir ganz oft im Leben etwas vormache. Da ich das nicht mehr tun möchte und jetzt einfach bereit bin, zu mir und zu meiner Spiritualität zu stehen, schreibe ich jetzt meine Geschichte neu. Ich weiß nicht, ob sie spannend für dich ist, doch schon mein erstes Buch hat mir gezeigt, dass ich nicht beurteilen kann, was spannend ist und was nicht. Für mich war es überwältigend, wie viele nette Briefe, E-Mails und Anrufe ich von mir unbekannten Menschen bekam, die meine Geschichte mit mir teilten. Das gibt mir auch den Mut, weiterzumachen, einfach meinen Weg und meine persönliche Meinung über meinen spirituellen Weg aufzuschreiben.

Es freut mich immer noch, wenn ich mit meinen 26 Jahren für ein bisschen Wirbel in der Esoterik-Szene sorgen kann. Ich finde es immer noch amüsant, wenn sich Menschen vor mich hinstellen und sagen: »Du bist noch so jung und willst uns etwas über Spiritualität erzählen? Du hast doch gar keine Lebenserfahrung! Was weißt du schon von den wichtigen Dingen im Leben?« Nichts weiß ich! Was soll ich denn auch wissen? Ich schreibe und erzähle doch nur von mir und meiner Spiritualität! Kennst du mich etwa besser, weil du schon 60 Jahre alt bist? Weißt du, wer ich bin, nur weil du mehr Lebenserfahrung hast? Hurra, ich bin froh, dass ich nichts weiß! Ich weiß aber, dass ich auf mein Herz und meine Visionen höre, und die sagen mir: »Schreib ein Buch!«, und das tue ich auch. Ich will nicht mit 60 Jahren dastehen und sagen: »Tja, ein Buch, hätte ich auch gern mal geschrieben!« Ich schreibe einfach dieses Buch, und mir ist es egal, ob es jemand liest oder nicht. Mir ist es egal, ob jemand weiser und besser ist als ich. Ich gehe meinen Weg und den kann niemand anderes für mich gehen. Meine Seele muss ihre Erfahrungen selbst machen, das nimmt mir keiner ab.

Lieber Leser, ich gebe ja zu, dass ich ein bisschen Ego auch noch habe. Deshalb würde es mich sehr freuen, wenn du mein Buch zu Ende liest. Immerhin hast du ja

Geld dafür ausgegeben. Es geht in diesem Buch darum, wie eine junge Seele versucht, das Übersinnliche in ihren Alltag zu integrieren. Wie es ist, wenn man Dinge sieht, die andere nicht sehen, und wie ich lernte, mit meiner Hellsichtigkeit umzugehen. Ich wünsche dir viel Spaß beim Lesen und freue mich, dass ich meine Geschichte mit dir teilen darf.

Dieses Gedicht ist für alle, die es verstehen. Danke, dass ihr es versteht.

»Ich habe bereits tausend Leben gelebt, bevor ich dich gefunden habe. Eine Seele, so rein und so tapfer. Ein Engel, der mich atemlos macht. Ich möchte für immer und ewig bei dir sein. Ich möchte dich vor allem Bösen beschützen. Ich schenke dir dies. Liebe mich mit aller Kraft! Versprich, dass wir uns niemals trennen werden. Wir sind nicht so wie die anderen! Wir werden uns immer lieben, für alle Ewigkeit.« *The Crow*

Am Anfang war die Feuerwehr

Dies ist meine Geschichte. Im Grunde dachte ich bis zum Jahr 2001, ich sei ganz »normal«. Ich finde auch heute noch, dass ich ganz normal bin, aber es gab einiges, das mich und meine Umwelt doch manchmal daran zweifeln ließ. Im Jahr 2001 hat sich plötzlich ganz viel bei mir verändert, und ich war mir nicht mehr sicher, ob ich noch normal war. Erst mit der Zeit kam ich mit meiner Medialität und diesen zwei Welten zurecht. Doch das war ein langer, manchmal sehr schwerer und einsamer Weg. Dennoch hielt er immer wieder viele Wunder und schöne Erlebnisse für mich bereit.

Im Jahr 2001 war ich 21 Jahre alt. Die Zeit davor war nicht so interessant. Ich werde die wichtigsten Erlebnisse aus meiner Kindheit im Verlauf der Geschichte noch erzählen. Am 25. April 2001 mussten jedenfalls alle Dorfbewohner, die denselben Jahrgang hatten wie ich, zur obligatorischen Feuerwehraushebung gehen. Dort sah ich nach langer Zeit eine alte Schulfreundin wieder, Rahel. Sie war früher in meiner Parallelklasse gewesen, und ich hatte sie einige Jahre nicht mehr gesehen. Als ich sie sah, zog mich etwas an ihr magisch an.

Die Leser, die jetzt eine schöne Liebesgeschichte erwarten, können nun aufhören zu lesen. Das hier ist keine »Otto-Normalverbraucher«-Geschichte, sondern die

Geschichte von zwei Seelen, die verwandt sind und Dinge sehen, an die andere Menschen nicht glauben. Mit ein paar Kumpels ging ich nach der Feuerwehraushebung noch ein Bierchen trinken und fragte Rahel und ihre Bekannten, ob sie auch noch mitkommen wollten. Als wir zusammensaßen, spürten wir beide sofort, dass wir uns wiedersehen wollten, und tauschten deshalb unsere Handynummern aus. Doch damals wusste ich noch nicht, warum ich sie wieder sehen wollte. Wir trafen uns also bald nach unserer ersten Begegnung wieder und kamen schnell auf ein Thema zu sprechen, das uns beide brennend interessierte: Spiritualität.

Endlich hatte ich jemanden gefunden, mit dem ich über andere Dinge sprechen konnte als nur über Autos, Frauen, Geld, Fußball und all die anderen tollen Themen, die es sonst noch gibt. Es begann alles ganz harmlos. Rahel und ich lasen Bücher, trafen uns ab und zu. Wir stellten uns vor, wie herrlich es doch wäre, wenn man zaubern könnte oder ein/e Wahrsager/in wäre, denn dann hätte man keine Probleme. Nach zwei, drei Bierchen wurden die ganzen Fantasien noch wilder und verrückter. Wir konnten ja damals noch nicht wissen, dass wir bald eine Zeit erleben würden, in der diese Fantasien Wirklichkeit werden würden.

Das Buch,
das mir die Augen öffnete

Als ich wieder einmal in Deutschland unterwegs war, ging ich in eine Buchhandlung, um mir ein paar Bücher anzuschauen. Plötzlich sah ich eines mit dem Titel *Das dritte Auge öffnen*. Ich dachte mir: »Hey, ein spannender Titel, dieses Buch kaufe ich!« Verfasst hatte es ein Medium. Medien sind Menschen, die Botschaften von anderen Welten beziehungsweise Dimensionen empfangen können. Sie sind hellsichtig, hellfühlend und hellhörend. Dieses Buch handelte davon, dass man die Aura eines Menschen sehen kann.

Ich hatte mir bis dahin noch nie überlegt, ob dies wirklich möglich ist. Ich wusste, dass die Aura eine Art Energie-Mantel ist, der den Körper von Menschen, aber auch Tieren und Pflanzen umgibt. In besagtem Buch stand, man könne plötzlich einen weißlichen Rand um die Finger sehen, wenn man die Hände aneinander rieb und dann die Fingerspitzen ansah. Gelesen, getan. Doch nichts geschah. Also noch einmal: reiben, schauen, wieder nichts. Ich hatte keine Geduld mehr, rief Rahel an und sagte: »Du, Rahel, wir müssen uns mal wieder treffen, ich habe da etwas Interessantes gelesen, doch es funktioniert nicht.«

Wir verabredeten uns in unserem Stammlokal, nennen wir es »Die Zaubermühle«. Als ich in der »Zaubermühle«

ankam, war Rahel schon da. Ich erzählte ihr von dem geheimnisvollen Buch und meinen Versuchen, das darin Beschriebene zu lernen, dass bisher aber nichts geschehen sei. Rahel meinte: »Lieber Pascal, wie lange hast du geübt?« Ich sagte: »Rahel, ich schwöre es, mindestens zehn Minuten.« Genau dort lag mein Problem: Ich hatte keine Geduld. Natürlich hatte Rahel mir dies ganz schnell klar gemacht. Nach unserem Gespräch ging ich nach Hause, nahm meine Stoppuhr, setzte mich auf mein Bett, rieb meine Hände aneinander und starrte sie an … nichts. Fünfzehn Minuten später: derselbe Ort, dasselbe Zimmer, dieselbe Hauptperson, rein gar nichts geschah. Das ganze Spiel dauerte genau 42 Minuten, 14 Sekunden und 51 Hundertstelsekunden. Doch ich sah meine Aura immer noch nicht. Ich war sehr enttäuscht und beschloss, mir ein anderes Hobby zu suchen.

Auf dem stillen Örtchen geschah das Wunder

Lieber Leser, glaube mir, wenn ein Wunder geschehen muss, dann ist es dem Wunder wirklich egal, was du gerade tust. Mein Wunder geschah auf dem stillen Örtchen. Genaue Details erspare ich dir, denn wir wollen ja nicht zu tief in meine Privatsphäre eintauchen. Jedenfalls saß ich da und sah plötzlich um meine Knie herum einen gelben Schimmer. Ich war ganz außer mir! Was war das? Ich hob meine Hand auf Kopfhöhe und plötzlich, wie aus dem Nichts, kam ein Regenbogen um sie herum zum Vorschein (auch wenn nicht alle Regenbogenfarben vertreten waren). Stark leuchtende Farben umflossen meine Hand. In den Farbströmen war ein leichtes Pulsieren und Bewegen zu erkennen. Ich hatte noch nie etwas derart Faszinierendes gesehen. Es war meine Aura! Ich dachte noch lange darüber nach, warum ich sie an besagtem Ort gesehen hatte und nicht dann, wenn ich sie sehen wollte. »Ist das vielleicht das Geheimnis? Muss man sich gar nicht wirklich konzentrieren? Muss man es einfach geschehen lassen und darf sich nicht verkrampfen?« Ich wusste es nicht, aber ich hatte schnell begriffen: Wenn man etwas erzwingen will, erreicht man meistens das Gegenteil.

Daraufhin erzählte ich meiner Mutter, ich könne die Aura sehen. Sie fragte mich: »Wie machst du das?«

Und ich erklärte: »Also, Mama, du hältst deine Hand auf Augenhöhe vors Gesicht, schaust durch sie hindurch und fixierst einen Punkt an der weißen Wand vor dir. Verstehst du?«

Meine Mutter verstand und rief plötzlich aus: »Oh, das ist ja ganz einfach, ich sehe einen blauen Schleier um meine Hand, gemischt mit ein bisschen Grün.«

»Was?«, entrüstete ich mich. »Du siehst jetzt schon die Aura? Das kann nicht sein, ich habe tagelang geübt und bei dir dauert es nur zwei Minuten! Da stimmt etwas nicht.«

Doch es ging alles mit rechten Dingen zu. Meine Mutter sah die Aura sofort. Es lag wahrscheinlich auch daran, dass sie nie gezweifelt und es mit Freude ausprobiert hatte. Von diesem Tag an übte ich täglich und las viel Literatur zu diesem Thema. Auch mit Rahel sprach ich lange und ausführlich darüber.

Wenn ich heute an diese Zeit zurückdenke, muss ich manchmal schmunzeln: Ich kann nicht verstehen, dass ich nicht schon viel früher gemerkt habe, dass ich medial veranlagt bin und schon immer ›mehr‹ sehen konnte als andere. Im Nachhinein erinnerte ich mich nämlich, schon früher Kontakt zu einem meiner Geistführer gehabt zu haben, noch bevor ich die Auren sehen konnte. Für mich war es einfach ein guter ›Kumpel‹. Ich nenne ihn Zoey.

*

Mein zweites Erlebnis, bei dem mir klar wurde, dass ich nicht ›normal‹ bin, hatte ich während eines Waldpicknicks mit meiner damaligen Freundin Sandra. Ich weiß noch, wie wir dort saßen und sie mir erzählte, sie habe ein

Problem mit ihren Eltern. Nach einiger Zeit fragte sie mich, was ich an ihrer Stelle tun würde, und ich antwortete: »Zoey meint, du sollst dies und jenes machen!« Ich weiß nicht mehr genau, was ich ihr damals gesagt habe, aber es ist auch nicht so wichtig. Jedenfalls sah Sandra mich befremdet an und meinte: »Sorry, ich versteh dich nicht ganz. Wir sind jetzt seit zwei Jahren zusammen und von einem Zoey war noch nie die Rede. Ich wollte wissen, was du tun würdest, und nicht irgendein Zoey! Und überhaupt, wer ist dieser Zoey?«

Ich zeigte auf Zoey, der ja neben mir saß, und meinte: »Der da!« Ich hatte einen Moment lang vergessen, dass sie ihn ja nicht sehen konnte.

Sie sah mich wirklich sehr komisch an und meinte: »Also vera… kann ich mich auch selbst! Komm, sag schon, wer ist das?«

»Zoey ist mein Schutzengel, so wie du Yves hast.«

Sie sah mich mit großen Augen an, und ich bereute, dass ich überhaupt etwas gesagt hatte. Ich erklärte ihr, dass Zoey für mich einfach eine Art Freund sei, der mir helfe und immer für mich da sei, und erzählte ihr ausführlicher, was ich sah; auch, dass ich seit Neustem Auren sehen könne. Am Anfang hielt Sandra mich für total bescheuert, aber ich überredete sie:

»Schau mal, Zoey sagt, du sollst einfach mal seinen Ratschlag befolgen und abwarten, was daraus wird. Außerdem hast du gerade Kopfschmerzen und Probleme mit der rechten Schulter.«

Nun wollte sie natürlich wissen, woher ich das wusste, und ich erklärte ihr, dass ich das in ihrer Aura sehen könne. Sie begann mir zu glauben. Dafür bin ich ihr heute noch dankbar. Ich weiß nicht, wie mein Leben verlaufen wäre, wenn meine damalige große Liebe mich für einen ›Psycho‹, der Stimmen hört, gehalten hätte.

Für mich war dieses Erlebnis nicht so leicht zu verarbeiten. Mir wurde immer deutlicher bewusst, dass ich wirklich mehr sah als andere Menschen. Ich kann mir heute beim besten Willen nicht erklären, warum ich es erst mit 21 Jahren herausgefunden habe. Doch für mich war es der richtige Zeitpunkt, auch wenn es am Anfang alles andere als leicht war. Und je mehr ich mich mit meiner ›Gabe‹ anfreundete, desto spannender wurde mein Leben. In den ersten Monaten sprach ich sehr oft mit Rahel darüber, da sich bei ihr die Hellsichtigkeit ebenso bemerkbar machte. Auch sie sah auf einmal die Aura und verstorbene Menschen. Wir saßen stundenlang zusammen und versuchten, mit unseren neuen Fähigkeiten zurechtzukommen. Für mich war es kein Zufall, dass wir unsere Hellsichtigkeit gemeinsam entdeckten. Wir waren aber auch überaus kritisch, was unser neues Talent anging. Vor allem war es schwierig für uns, da wir niemanden kannten, der diese Fähigkeiten auch besaß und damit schon umgehen konnte. Ich hatte selbst immer wieder große Zweifel, ob ich wirklich hellsichtig war oder einfach nur eine Augenkrankheit hatte. Erst als ich mich mit der Aura beschäftigte und sie plötzlich sah, fing ich an, über meine Kindheit nachzudenken, und fand heraus, dass ich schon immer mehr gesehen hatte als andere.

Als ich ungefähr vier Jahre alt war und in der Nacht zu meiner Mutter ins Bett wollte, weil ich nicht einschlafen konnte, sah ich auf der Treppe in der Ecke mein erstes Geistwesen. Ich kann mich noch sehr gut daran erinnern, es war ein älterer Mann. Er machte nichts Besonderes, er stand einfach nur da. Ich hatte natürlich panische Angst, an diesem Wesen vorbeizugehen. Schließlich tat ich es doch, und als meine Mutter nachsah, war es verschwunden! Oder besser gesagt, sie konnte es nicht wahrnehmen.

Es fiel mir noch ein anderes Erlebnis ein, das ich als Vierjähriger hatte: Ich ging immer gern in den Keller. Dort war das Holz gelagert, mit dem wir damals in der Küche heizten. Ich baute damit eine Kirche, stellte mich in die Mitte eines Holzkreises und hielt meine Predigten. Als mich meine Mutter einmal fragte, was ich da eigentlich machte, meinte ich nur: »Sei still, ich bin ein italienischer Pfarrer und halte gerade Gottesdienst.« Meine Mutter konnte das nicht verstehen, da wir zu diesem Zeitpunkt nichts mit der Kirche zu tun hatten und ich als Vierjähriger noch nie etwas von einem italienischen Pfarrer gehört hatte. Vielleicht war dies die Erinnerung an ein früheres Leben. Ich kann es aber nicht mit Sicherheit sagen.

Später in der Schule hatte ich noch einen anderen ständigen geistigen Begleiter. Sein Name war Hanspi. Er begleitete mich in die Schule, da ich nicht gern hinging. Mit meinen sieben oder acht Jahren war mir auch bewusst, dass nicht alle Hanspi sehen konnten. Das merkte ich vor allem daran, dass sich meine Mitschüler immer auf ihn draufsetzten, wenn er neben mir auf dem Stuhl saß. Das konnte ich nicht verstehen, und ich habe Hanspi mit meiner Stimme und meinen Fäusten heftig verteidigt. Es war mein großes Glück, dass meine Lehrer dies einfach meiner allzu großen Fantasie zuschrieben.

Auch im Zug musste ich den Fahrgästen, die sich neben mich setzen wollten, immer wieder klarmachen, dass der Platz nicht frei war, weil Hanspi dort saß. Die Reaktionen reichten von Gelächter bis zu verständnislosem Kopfschütteln. Doch ich habe meinen Hanspi immer verteidigt – wenn es sein musste, auch mit Gewalt. Ich konnte damals nicht nachvollziehen, warum die Menschen so rücksichtslos zu ihm waren. An andere herausragende Erlebnisse kann ich mich nicht mehr erinnern. Ich weiß nur, dass Hanspi und später Zoey immer bei mir waren. Doch wie gesagt war das für mich einfach ganz normal und nichts Außergewöhnliches. So, das war ein kleiner Ausflug in meine Kindheit.

Eines Tages, als ich gerade bei Rahel war, kam ihre Mutter und erzählte uns von einer Frau, die einen Secondhand-Laden in unserem Dorf hatte und angeblich auch hellsichtig war. Rahel und ich beschlossen, diese Frau zu besuchen. Wir wollten wissen, ob wir beide wirklich hellsichtig waren oder uns das einfach nur einbildeten. Ich fragte Rahel: »Wir können doch nicht einfach so in ihr Geschäft kommen und sagen: ›Wir haben gehört, dass Sie hellsichtig sind, und jetzt wollten wir Sie mal fragen, was Sie so bei uns sehen und ob wir beide auch hellsichtig sind!‹ Das können wir wohl schlecht machen. Wie sollen wir das anstellen?«

Rahel meinte, wir könnten uns ja einfach ein bisschen im Laden umschauen oder ein paar von unseren alten

Klamotten mitnehmen und so tun, als ob wir ihr die verkaufen wollten.

Das hielt ich für eine gute Idee, und so machten wir uns auf den Weg. Doch kurz vor dem Geschäft meinte ich: »Du, die Frau ist doch hellsichtig, die sieht ja sofort, dass wir nicht Kleider verkaufen, sondern nur etwas von ihr wissen wollen.«

»Scheibenkleister, stimmt!«, meinte Rahel. »Ach komm, egal, wir gehen einfach dorthin und reden mit ihr.«

Gesagt, getan. Wir gingen ins Geschäft, und ich hatte irgendwie ein ungutes Gefühl, doch damals schob ich es einfach auf meine Nervosität.

Wir schauten uns ein bisschen im Laden um, und dann sprach Rahel die Frau einfach an: »Wir wollten mit Ihnen über Medialität sprechen. Meine Mutter hat erzählt, Sie seien hellsichtig, und Pascal und ich haben manchmal das Gefühl, dass wir auch mehr wissen und sehen als andere Menschen.«

Die Frau (ich möchte sie Estell nennen) sah uns beide sehr lange an. Ihre strahlenden Augen bohrten sich fast in unsere Haut. Uns war auf einmal nicht mehr so wohl, und wir bekamen ein bisschen Angst. Ich hatte das Gefühl, als krabbelten tausend Ameisen meinen Rücken hoch und runter, doch ich gab mir Mühe, mir nichts anmerken zu lassen.

Auf einmal begann Estell zu lachen und sagte: »So, ihr zwei, hört mir jetzt genau zu. Ja, ihr habt diese Fähigkeiten, aber so einfach, wie ihr euch das vorstellt, ist es nicht. Ihr beiden habt nämlich verschiedene Fähigkeiten. Bei dir, Rahel, ist alles etwas einfacher. Du bist eine Hexe. Keine Angst, eine Hexe ist nichts Schlechtes. Eine Hexe ist ein sehr weiser Mensch, der durch magische Rituale Situationen beeinflussen kann. Du bist ein Mensch, der mit der Natur lebt. Du kannst heilen, mit Pflanzen, Tees und anderen magischen Gegenständen. Du hast hellsichtige Fähigkeiten und kannst Energie schicken und empfangen. Deine Aufgabe ist es, Pascal über die ›Schwelle‹ zu führen. Du bist für den Bereich der ›Schwelle‹ zuständig, nicht mehr und nicht weniger. Unterschätze diese Arbeit nie, nur mit dir kann es Pascal schaffen.«

»Die Schwelle?«, fragte Rahel.

»Ja, die Schwelle«, sagte Estell.

Ich saß auf meinem Stuhl und verstand die Welt nicht mehr. Tausend Fragen schossen mir durch den Kopf, doch ich war nicht fähig, auch nur eine einzige zu stellen. Es machte mir Angst, jetzt von einem anderen Menschen zu hören, dass Rahel und ich besondere Fähigkeiten hatten.

Rahel fragte nochmals: »Die Schwelle, was bedeutet das, und warum muss ich Pascal helfen, über diese Schwelle zu kommen?«

Estell erklärte uns: »Stellt euch einen Punkt als Zentrum vor. Dieser Punkt steht für das absolute Wissen, doch um diesen Punkt herum bildet sich ein Kreis und um diesen Kreis herum wieder einer und so weiter. Du, Rahel, bewegst dich innerhalb eines Kreises, vom Ende des einen Kreises bis zum Anfang des nächsten Kreises. Pascal muss aber vom äußersten Kreis bis zum Punkt im Zentrum zurückgehen. Er muss zum Ursprung zurück oder besser gesagt, er hat alle Fähigkeiten, um es bis zu diesem Ursprung zu schaffen, aber er wird es nicht ohne deine Hilfe schaffen.«

Jetzt konnte ich meine Neugier nicht mehr zurückhalten und fragte: »Ich verstehe nicht ganz, Rahel ist eine Hexe und ist für einen Bereich zuständig, der zum Ursprung führt. Du sagst, ich habe die Fähigkeiten, es bis zum Ursprung zu schaffen. Was bin ich dann? Ein Magier? Was für Fähigkeiten habe ich? Ich versteh gar nichts!«

Estell lachte und sagte: »Lieber Pascal, wir müssen zuerst an deiner Geduld arbeiten. Du willst immer alles auf einmal verstehen, alle Fähigkeiten auf einmal entwickeln, doch diese Fähigkeiten brauchen Zeit, damit sie wachsen können. Ich werde dir beim nächsten Treffen mehr erzählen, doch bis dahin: Übe dich in Geduld.«

»Was, in Geduld üben? Estell, das ist aber unfair! Du machst mich neugierig und sagst mir dann nichts!«, jammerte ich.

Estell lachte wieder, richtete ihre Augen auf mich und sagte ganz leise: »Habe ich dir wirklich nichts gesagt? Ich glaube, ich habe dir viel gesagt. Danke, dass ihr gekommen seid, bis bald.«

Ich stand mit offenem Mund da und musste Estell recht geben. Sie hatte mir viel gesagt, nur war es vielleicht nicht das, was ich hören wollte. Doch genau das ist manchmal das Problem der Menschen: Jeder weiß eigentlich selbst, woran er arbeiten müsste, und dennoch ignorieren es die meisten, und wenn es ihnen ein anderer sagt, wollen sie es erst recht nicht hören.

Mein Irrweg

Ich habe mir lange überlegt, ob ich die Erlebnisse, die ich mit Estell hatte, in meinem Buch veröffentlichen soll, da es für mich im Nachhinein ein riesiger Irrweg war. Ich kann mir heute auch nicht mehr erklären, weshalb ich damals so leichtgläubig war, da ich eigentlich nicht der Typ Mensch bin, der leicht von etwas zu überzeugen ist. Damals hatte ich aber noch keine Erfahrungen mit hellsichtigen Menschen. Ich dachte, wenn jemand sagt, er sei hellsichtig, ist er es auch, und wenn jemand hellsichtig ist, dann ist es ein guter Mensch und hat immer recht. Erst viel später lernte ich, das Hellsichtigkeit nichts mit Immer-recht-Haben zu tun hat. Ich bin heute sehr dankbar dafür, dass ich diese Erfahrung machen durfte, auch wenn es hart war, aber ohne Estell wäre ich heute nicht so weit, wie ich bin.

Nach meinem ersten Besuch bei Estell hatte ich mich mit Rahel noch für denselben Abend verabredet. Ich verstand nicht, was Estell mir am Nachmittag erzählt hatte, und wollte mich unbedingt mit Rahel darüber austauschen. Damals war ich der Meinung, Estell habe mir etwas sehr Wichtiges mitgeteilt, was ich einfach nicht verstehen konnte, weil ich noch nicht so weit war. Noch nicht spirituell genug war. Heute weiß ich, dass vieles von dem, was sie sagte, weder Hand noch Fuß hatte. Rahel kam mit Toni zum Treffpunkt angerauscht. Toni war kein Besen oder sonst etwas Spektakuläres, auch kein Mensch, nein. Toni war ein altes Auto, zugegeben ein sehr altes Auto. Toni war rot, eigentlich war alles rot an ihm, sogar die Felgen.

Jedenfalls stieg ich in Toni ein, und wir drei rauschten durch die Nacht. Wir fuhren durch die engen Gässchen eines Dorfes im Baselland. Am Ende dieses Dorfes sahen wir plötzlich eine Burgruine hinter dem Wald auftauchen. Rahel und ich hatten ein seltsames Gefühl, als wir diese Burg sahen. Etwas zog uns magisch an. Es war eine Kraft, die man schwer beschreiben konnte. Wir hatten das Gefühl, als würde jemand immer wieder zu uns sagen: »Kommt zu mir und schaut mich an. Was ist? Jetzt kommt schon. Habt keine Angst!«

Ich sagte: »Du, ich muss zu dieser Burg. Ich weiß nicht warum, doch lass uns zu ihr hochgehen.« Rahel stimmte ohne zu zögern zu. Auch sie spürte den Drang, zu dieser Burgruine zu gehen.

Auf dem Weg dorthin hatte ich plötzlich eine Vision. Es war meine erste richtig bewusste hellsichtige Vision. Ich sah viele Bilder wie im Traum und redete einfach so vor mich hin: »Rahel, ich sehe, wie wir als Kinder an einer Burgmauer entlangrennen. Wir sind Geschwister, und jetzt sehe ich uns um eine Feuerstelle sitzen. Das Feuer ist erloschen und wir besprechen etwas. Es sieht aus wie ein Orakel. Jetzt sehe ich Krieg, Pferde, Waffen, Speere, Schwerter, Blut ... Rahel, wo bist du? Ich sehe, du bist tot, was ist los, was passiert hier? Ich werde auch ermordet. Ein Messer trifft mich mitten ins Herz, und ich sterbe. Ich sehe, wie meine Seele den Körper und das Schlachtfeld verlässt. Was ist los? Was ist passiert?« Ich geriet völlig in Panik.

Rahel packte mich an den Schultern und rüttelte mich wach: »Pascal, was ist los? Hallo! Aufwachen!« Ich wachte aus meinem tranceähnlichen Zustand auf und fragte, was passiert sei. Rahel schaute mich nur an und sagte: »Etwas Seltsames ist passiert, du hast plötzlich ganz merkwürdige Dinge erzählt, warst wie im Traum versunken und doch warst du wach. Aber das wirklich Eigenartige war nicht dein Zustand, sondern dass ich alles, was du mir erzählt hast, letzte Nacht so geträumt habe. Ist das nicht seltsam? Was geschieht mit uns?«

Ich wusste nicht mehr, was ich sagen sollte. Alles in meinem Kopf drehte sich. Warum sah ich solche Bilder, und warum hatte Rahel letzte Nacht genau dasselbe geträumt? Sah ich Bilder aus einem vergangenen Leben? Hatte ich schon einmal mit Rahel gelebt? Fragen über Fragen, aber keine Antworten. Wir waren nicht mehr weit von der Burg entfernt. Still ließen wir noch das letzte Stückchen Weg hinter uns, dann setzten wir uns auf die Mauer der Burgruine. Von dort aus hatten wir einen weiten Blick über das ganze Tal. Die Sonne ging langsam unter, und es war eine Stille um uns, die man nicht in Worte fassen konnte. Wir spürten beide, dass irgendetwas mit uns geschah.

Schon als Kinder hatten Rahel und ich das Gefühl, anders als andere Menschen zu sein. Doch jetzt, als wir es immer bewusster wahrnahmen, jetzt, als wir es von anderen Menschen zu hören bekamen, machte es uns

Angst. Uns wurde bewusst, dass wir ziemlich einsam waren. Still saßen wir auf der Mauer, und noch nie hatten wir uns so eng verbunden gefühlt. Lange Zeit saßen wir nur so da. Dann sah ich zu Rahel hinüber und bemerkte, wie Tränen über ihre Wangen flossen, kein Ton, kein Schluchzen, gar nichts war von ihr zu hören. Ich nahm sie in die Arme und sagte leise: »Ich habe auch Angst, aber zusammen sind wir stark und schaffen es.« Mehr sagte ich nicht. Ich ließ sie los und wusste, dass es das erste und letzte Mal in meinem Leben gewesen war, dass ich Rahel weinen sah.

Wir gingen den Weg zurück zu Toni, und als wir sahen, wie er mit seinen roten Felgen dastand und sich im Mondlicht sonnte, mussten wir lachen. Rahel meinte: »Wir wollten immer anders sein, jeder Mensch will immer anders sein, als er ist, und wenn man es dann ist, passt es einem auch nicht. Wir sind schon verrückt! Na ja, wie heißt der berühmte Spruch? Überlege immer zweimal, was du dir wünschst, denn es könnte in Erfüllung gehen. Ein doofer Spruch und doch stimmt er.« Wir mussten ununterbrochen lachen, stiegen in Toni ein und rauschten wieder durch die Nacht.

Ich fragte: »Rahel, hast du verstanden, was Estell konkret meinte, als sie von dem Unterschied zwischen uns sprach? Kapierst du das?« Sie antwortete: »So richtig begreife ich es auch nicht, aber wir werden es herausfinden, wir haben ja noch genügend Zeit.«

Doch ich war ganz anderer Meinung. Ich wollte nicht warten, ich wollte es jetzt wissen. Rahel schaute mich an und sagte: »Verdammt noch mal, Estell hat dir gesagt, du müsstest Geduld haben, das sei das Wichtigste für dich im Moment, und was machst du? Du willst gerade mal wieder alles auf einmal. Warte doch mal ab und hör richtig zu! Estell hat dir mehr gesagt, als du bewusst aufgenommen hast.«

Ich wusste, dass sie recht hatte, und sagte nichts mehr. Wir fuhren still durch die dunkle Nacht, während ich mich mit Zoey unterhielt. Doch auch Zoey gab mir nur den Rat, Geduld zu haben und zu vertrauen. Ich konnte es nicht glauben. Hatten sich jetzt alle gegen mich verschworen?

»Zoey, was ist los? Du hast mir immer geholfen, warum lässt du mich jetzt allein? Ich verstehe das nicht! Jetzt, da mein Leben völlig auf dem Kopf steht, was ist los mit dir? Was ist los mit mir?«

Doch Zoey meinte nur: »Hör auf! Nur weil dir jetzt jemand gesagt hat, dass du besondere Fähigkeiten hast, drehst du durch? Du hast Jahre zuvor Dinge gesehen, die niemand außer dir sah. Du hast dich schon immer mit mir unterhalten und niemand außer dir glaubte, dass ich real war, und jetzt, da dir Estell alles gesagt und bestätigt hat, verstehst du die Welt nicht mehr? Komisch, jetzt solltest du erst recht an dich glauben und alles verstehen! Hör endlich auf zu zweifeln und hör endlich auf, ständig Fragen zu stellen, die du dir selbst beantworten kannst. Und vor allem glaube an dich und deine Fähigkeiten und gedulde dich ein wenig. Mein Freund, es ist ganz wichtig, dass du dir vertraust! Höre auf deine innere Stimme, nur sie kann dir sagen, was gut ist oder nicht! Nur du kannst deinen Weg gehen, niemand sonst. Vertraue deiner inneren Stimme, nicht vergessen!«

Ich sagte nichts mehr, weder zu Rahel noch zu Zoey. Ich war überzeugt, dass sich alle gegen mich verschworen hatten. Ja, die Welt ist manchmal so ungerecht! Ich überhörte auch Zoeys letzten Satz. Die nächsten Tage wollte ich von niemandem etwas hören. Für mich war es schon sehr verwirrend. Ich dachte 21 Jahre lang, ich sei ganz ›normal‹, und jetzt auf einmal war mein ganzes Weltbild durcheinander. Ich sah Farben, die sonst niemand sah, ich sprach mit einem Typen, den sonst niemand sehen konnte, und ich hatte Visionen. Ich hatte wirklich das Gefühl, reif fürs Irrenhaus zu sein.

Ich versuchte, mich in den folgenden Tagen gar nicht mit dem Übersinnlichen zu beschäftigen, doch immer wieder musste ich an Estell denken. Ich hatte das Gefühl, als würde sie mich in Gedanken rufen. Ich wehrte mich dagegen und versuchte, es zu ignorieren. Ich sprach auch mit meiner damaligen Freundin Sandra über Estell und meine Erlebnisse. Sie meinte daraufhin: »Es tut mir leid, aber ich habe kein gutes Gefühl bei dieser Estell. Ich glaube, die ist nicht ganz sauber!«

Ich wollte das damals natürlich gar nicht hören, da Estell ja eine Hellseherin war und mir gesagt hatte, wie speziell ich doch sei. Nein, so etwas wollte ich nicht hören!

Während der Arbeit an diesem Buch merke ich auch, dass ich sehr wenig von Sandra erzähle, obwohl sie mir sehr nahestand und enorm wichtig für mich war. Doch zu dem Zeitpunkt, als ich bewusst wahrnahm, dass ich medial veranlagt war, drehte sich meine Welt fast nur noch um dieses Thema. Ich hatte eine Zeit lang das Gefühl, als hätte ich mich verloren und müsste mich erst wieder finden.

Am nächsten Tag schien es mir immer noch, als ob Estell mich rufen würde, und ich gab dem Ruf nach. Als ich in ihr Geschäft kam, sagte sie: »Du hast bestimmt die ganze Zeit an mich gedacht, nicht wahr? Ich habe nämlich gedanklich Kontakt mit dir aufgenommen, und dass du jetzt hier bist, zeigt mir, dass du wirklich sehr große Fähigkeiten hast. Wenn ich will, kann ich jederzeit mit dir in Kontakt treten und sehen, was du gerade machst.«

Sie erzählte mir noch viele Dinge, die in der Zukunft geschehen würden, und dass wir beide uns aus einem vergangenen Leben kennen würden. Wir seien damals ein Liebespaar gewesen, und jetzt hätte ich sie in diesem Leben wiedergefunden. Damals glaubte ich ihr wirklich alles. Schließlich erzählte sie mir ja auch, dass sie hellsichtig sei, und Hellseher haben doch immer recht, oder nicht? Ich hatte auch ein bisschen Angst, da sie ja angeblich meine Gedanken kontrollieren konnte. Sie meinte auch, dass Rahel nicht so große Fähigkeiten habe wie ich und ich weniger Zeit mit ihr, dafür mehr Zeit mit ihr, Estell, verbringen solle. Von Rahel könne ich nämlich nichts lernen. Das überhörte ich, denn ich wollte keinen Keil zwischen mich und Rahel bringen lassen. Dabei merkte ich gar nicht, wie Estell mein Ego immer mehr und mehr ›aufblies‹. Sie erzählte mir noch viele Geschichten, die sie erlebt hatte, und berichtete, was sie alles sehen könne. Ich war überzeugt, dass ich von dieser

Frau noch viel, sehr viel lernen konnte. Ich dachte, wenn ich nur halb so viel sehen könnte wie sie, dann würde mir das schon reichen.

Noch am selben Abend verabredete ich mich mit Rahel, denn in den letzten Tagen hatte ich plötzlich eine neue Fähigkeit entdeckt. Ich konnte immer klarer Umrisse von verstorbenen Personen erkennen, und das wollte ich ihr erzählen. Rahel, die schon immer Verstorbene hatte sehen können, schlug daraufhin vor: »Lass uns auf den Friedhof gehen. Dort können wir gut üben. Ich bin mir nicht hundertprozentig sicher, dass wir wirklich Verstorbene sehen, aber wir werden es herausfinden.«

Also gingen wir abends auf den Friedhof, und Rahel fragte mich: »Wo siehst du jemanden stehen?«

»Dort, dritte Reihe, fünfter Grabstein von links!«

»Ja, dort sehe ich auch jemanden«, erwiderte sie. Wir freuten uns und spielten dieses Spiel noch ungefähr eine Stunde. Wir landeten jedes Mal einen Treffer. Dort, wo ich jemanden sah, sah auch Rahel jemanden und umgekehrt. Für mich ist heute klar, dass wir dafür nicht auf den Friedhof hätten gehen müssen. Erst später lernte ich, dass es überall Verstorbene gibt, aber damals sah ich sie nur an bestimmten Orten, meistens eben auf dem Friedhof.

Für mich war dieser Abend sehr wichtig gewesen, da er mir gezeigt hatte, dass ich wirklich etwas wahrnahm und es mir nicht nur einbildete. Ich erzählte Rahel auch, dass ich bei Estell gewesen sei. Rahel meinte daraufhin: »Ich weiß nicht, aber etwas sagt mir, dass Estell gar nicht hellsichtig ist! Ich habe das Gefühl, sie will sich nur wichtig machen, oder hat sie dir jemals etwas erzählt, was wirklich stimmt?«

»Nein, sie ist hellsichtig, sie hat mir von vergangenen Leben erzählt und dass wir damals ein Liebespaar waren. Sie hat mir auch erzählt, was sie alles sieht. Nein, Rahel, da irrst du dich! Sie kann das wirklich!«

»Also, ich habe einfach kein gutes Gefühl«, wiederholte Rahel.

Ich wollte nichts davon hören, und wir gerieten an diesem Abend noch in Streit. Danach war unsere Freundschaft nie mehr so wie früher.

Heute tut es mir leid, dass ich damals so blind gewesen bin. Doch ich verstehe auch, warum ich so reagiert habe. In Estell hatte ich jemanden gefunden, der mich und meine Sorgen mit meiner Hellsichtigkeit voll verstand. Ich konnte mit Rahel zwar auch darüber sprechen, aber sie war ja selbst noch dabei, ihre Fähigkeiten zu entdecken. Somit war Estell für mich damals eben eine Art ›Guru‹. Sie hörte mir zu und verstand mich.

Noch am selben Abend kam meine Mutter zu mir und meinte: »Du, ich habe gehört, dass übermorgen in Basel die PSI-Tage sind. Dort sind ganz viele Hellseher und Medien. Es wäre doch bestimmt spannend für dich, dir das mal anzuschauen. Ich begleite dich auch, wenn du möchtest.«

Natürlich wollte ich dorthin und war froh, dass meine Mutter mitkam. Ich ging am nächsten Tag zu Estell und erzählte ihr von meinem Streit mit Rahel. Sie meinte, das sei gut und gehöre zu meinem Prozess. Ich müsse lernen, mich gegen Rahel durchzusetzen, da sie mein Leben kontrollieren und immer Recht haben wolle. Dieses Gefühl hatte ich zwar nie gehabt, aber schließlich glaubte ich Estell, da sie ja hellsichtig war! Sie war gar nicht begeistert, als ich ihr sagte, dass ich zu den PSI-Tagen fahren wollte. Sie meinte, dort gebe es ohnehin nur Betrüger, doch ich wollte trotzdem gehen. So machten meine Mutter und ich uns auf den Weg nach Basel.

Ich betrachtete gerade ein paar Dinge an einem Stand, als der Verkäufer plötzlich meinte, dass ich sehr medial sei. Ich erschrak ziemlich. Zuerst dachte ich, er wolle mir schmeicheln, damit er mir seine Produkte besser andrehen könne. Ich ging weiter und blieb bei einem Hellseher stehen, der mich mit den Worten begrüßte: »Ich habe gewusst, dass du kommst.« Ich buchte eine Sitzung, und er erzählte mir ziemlich viel über mich, Dinge, die er nicht wissen konnte. Er meinte ebenfalls, ich sei sehr medial veranlagt, und beschrieb mir meine Fähigkeiten. Anschließend ging ich noch zu einem zweiten Medium, denn schließlich wollte ich testen, ob die Aussagen des Hellsehers zutrafen. Auch dieses Medium bestätigte mir, dass ich medial sei. Es erzählte mir auch, dass ich sehr viele mediale Menschen um mich herum hätte. Es sehe ein junges Mädchen, das sehr wichtig für mich sei. Ich solle mich aber in Acht nehmen vor Menschen, die nicht ehrlich zu mir seien. Ich fragte das Medium: »Was bedeutet medial?« Sie antwortete: »Mediale Menschen sind hellsichtige, hellhörende oder hellfühlende Menschen.«

»Und was bin ich?«

»Du hast alle drei Gaben, aber du musst sie noch stärker entwickeln«, bekam ich zur Antwort.

Einen Tag später fuhr ich zu Dreharbeiten mit dem Zug nach Augsburg. Im Zug sah ich plötzlich das Bild einer Frau. Es war Doro, eine Schauspielkollegin, und ich wusste plötzlich, dass auch sie mediale Fähigkeiten hatte. Ein paar Tage später sprachen wir miteinander, und Doro bestätigte mir das Bild, das ich im Zug gesehen hatte. Plötzlich kam mir in den Sinn, was Rahel gesagt hatte, als sie meine Arbeitskollegin einmal im Fernsehen gesehen hatte. Sie hatte damals bemerkt: »Die hat besondere Augen.« Ich sagte: »Ja, da hast du recht, sie hat schöne Augen.« Damals war mir nicht klar, was Rahel meinte.

Das Medium, das mir sagte, dass ich medial veranlagt sei, antwortete auf meine Frage, wie man einen medialen Menschen erkenne: »Du siehst es an seinen Augen.« Da wurde mir einiges klar. Viele Menschen hatten mir schon gesagt: »Du, ich habe manchmal das Gefühl, wenn du mich anschaust, kannst du meine Gedanken lesen.« Damals verstand ich es nicht, aber immer, wenn ich Rahels Augen sah, wusste ich, was das Medium damit sagen wollte. Man sieht es wirklich in den Augen. Es ist so ein besonderes Leuchten, mir kommt es jedenfalls so vor. Ich habe schon ein paar Mal versucht, anderen zu erklären, was ich sehe, aber sie sehen es nicht.

Für mich waren die PSI-Tage sehr wichtig. Nun konnte ich darauf vertrauen, dass ich wirklich hellsichtig war. Dass das, was ich sah, seine Richtigkeit hatte und ich ganz normal war. Vor allem begann ich immer mehr darauf zu achten, was ich sah und was ich außersinnlich wahrnahm. Ich glaube, es ist gar nicht so einfach zu verstehen, dass ein Mensch, der im Grunde genommen schon immer Dinge sah, die andere nicht sehen konnten, dennoch daran zweifelt. Aber ich selbst habe ja auch erst mit etwa 21 Jahren gemerkt, dass ich hellsichtig bin. Ich hatte zwar vorher mediale Erlebnisse und auch in meiner Kindheit ab und zu schon Geistwesen gesehen, aber ich wusste damals nicht, dass dies nicht »normal« ist.

Je mehr ich versuchte, mich und meine Fähigkeiten zu verstehen, desto unverstandener fühlte ich mich plötzlich. Ich spürte, dass die Menschen, die davon wussten, plötzlich Angst bekamen, da ich jetzt natürlich immer öfter sagte, was ich sah. Die Einzige, die mich immer wieder aufforderte weiterzumachen, war Estell. Sie meinte, ich solle mich von allen Menschen lösen, die mich nicht so akzeptierten, wie ich war. Mir ging es immer schlechter. Rahel wollte nichts mehr mit mir zu tun haben, da sie einfach kein gutes Gefühl bei Estell hatte und der Meinung war, dass Estell nicht hellsichtig sei und ich meine Zeit dort vergeudete. Dass sie einfach ihr geringes Selbstbewusstsein aufpolierte, indem sie so tat, als sei sie etwas Besonderes. Ich war sauer auf Rahel, denn ich fand es ungerecht, was sie sagte. Wir sahen uns nur noch selten, und heute haben wir gar keinen Kontakt mehr. Sie meinte noch zu mir: »Du wirst eines Tages merken, dass sie dir etwas vormacht. Aber egal, es gehört wohl zu deinem Weg. Suche das Leuchten in den Augen, das dir zeigt, ob jemand wirklich hellsichtig ist. Suche es!«

Ich war traurig und enttäuscht, als ich diese Freundschaft verlor. Auch meine Freundin Sandra wollte zwei Wochen später nichts mehr mit mir zu tun haben. Sie konnte mich immer weniger verstehen. Wir hatten fast nur noch Streit, und sie meinte, ich hätte nur noch Zeit für Estell und meine ›Esoterik‹.

Ich fühlte mich immer schwerer. Ich konnte nicht mehr schlafen. Meine Hellsichtigkeit nahm merkwürdige Formen an. Ich nahm auf einmal schwarze Schatten in den Augenwinkeln wahr. Ich sah viele Verstorbene, denen es nicht gut ging. Überhaupt sah ich auf einmal sehr viel, aber meistens nur negative Dinge, die mir Angst machten. Ich sah blutverschmierte Tote und hatte nur noch Visionen von einer düsteren Zukunft. Ich sah nur noch Trennungen und Elend bei den Menschen. In der Nacht wachte ich immer wieder auf, weil irgendein Geistwesen neben mir stand und mich anschrie. Diese Schreie hörte ich akustisch von außen, also so, als würde ein richtiger Mensch neben mir stehen und mich anbrüllen. Ich hatte Angst in der Nacht. Ich konnte mit meiner Medialität nicht mehr umgehen. Die Einzige, die mich verstand, war Estell. Doch sie meinte auch nur: »Das ist halt so, wenn man hellsichtig ist! Es liegt auch daran, dass es Menschen gibt, die es nicht gut mit dir meinen.«

Ich wurde meiner Umgebung gegenüber sehr misstrauisch. Estell sagte, ich sei müde, weil mich Menschen energetisch aussaugten. Ich war wirklich am Boden zerstört. Meine Mutter wusste auch nicht, was sie mit mir machen sollte. Sie hörte mir zu und unterstützte mich, aber so richtig helfen konnte sie mir auch nicht. Da ich wirklich nicht mehr wusste, was ich machen sollte, und auch niemanden mehr hatte, begann ich, die letzten Monate zu analysieren. Ich fragte mich ständig, warum ich plötzlich nur noch negative Dinge sah, warum mich alle verlassen hatten und mich niemand verstand. So wie bisher konnte ich nicht mehr weitermachen.

In dieser Zeit fragte ich mich manchmal, ob so wohl meine Lebensgeschichte enden würde. Endet so eine Geschichte? Ich weiß es heute noch nicht, doch ich denke, so leicht ist das Leben nicht. Eine Lebensgeschichte kann nicht so enden, da war ich mir nach einem Monat ziemlich sicher. Ich glaube nicht, lieber Leser, dass man seinem Schicksal so leicht entkommen kann. Klar, man kann vor seinen Problemen davonlaufen, aber sie kommen immer wieder, wenn auch manchmal in anderer Form. Man muss sich seinen Problemen, seinem Karma stellen. Wie ging es aber mit mir weiter?

Ich muss euch wohl nicht sagen, dass ich am Boden zerstört war. Alle Menschen, die ich jemals geliebt hatte, waren mit einem Mal weg. Ich fühlte mich im Stich gelassen. Meine Gedanken drehten sich nur noch darum, wie schlecht doch alle Menschen waren und wie ungerecht das Leben war. Lauter negative Gedanken, nicht einen einzigen positiven Gedanken wollte ich noch in mein Herz lassen. Ja, die dunkle Seite begann überhandzunehmen, ich fühlte mich der Hölle nah. Abends, wenn ich ins Bett ging, hatte ich das Gefühl, dass mich niedere Seelen besuchten und ihr Spiel mit mir trieben. Ich konnte nicht mehr schlafen, es fühlte sich an, als würde mich jemand berühren. Meine Gedanken drehten sich wie wild im Kreis. Tausend Bilder schossen mir durch den Kopf, aber ich konnte nicht mehr unterscheiden, was Visionen und was einfach nur negative Gedanken waren. Ich spürte keinen Unterschied mehr zwischen hellsichtiger Wahrnehmung und eingebildeten negativen Gedanken. Ich hatte auch keinen Kontakt mehr zu meinem Geistführer Zoey. Meine Schwingungen waren so niedrig, dass die hoch schwingenden Wesen keinen Zugang mehr zu mir fanden. Wenn ich die Menschen ansah, sah ich nur noch das Schlechte und Böse in ihnen. In keinem Menschen mehr sah ich auch nur einen Funken von Liebe und guten Gedanken.

Der Traum

Eines Abends, als ich im Bett lag und schlief, hatte ich einen Traum. Dieser Traum war für mich nicht als solcher zu erkennen. Es kam mir alles so wahr vor, ich hatte wirklich das Gefühl, als würde ich das alles erleben. An diesen Traum kann ich mich heute noch sehr genau erinnern. Für mich war er auch die Rettung aus meiner Situation.

Ich ging mit meinem Hund im Wald spazieren und lief und lief, doch ich spürte keine guten Energien mehr. Früher fand ich Waldspaziergänge schön, sie gaben mir Kraft, aber jetzt nicht mehr. Ich trampelte ohne Rücksicht über Blumen und konnte mich nicht mehr an ihrer Schönheit erfreuen. Von Weitem sah ich, wie mir ein Liebespärchen entgegenkam. Die beiden waren eng umschlungen, und man erkannte aus hundert Kilometern Entfernung, dass sie frisch verliebt waren. Als sie mit mir auf gleicher Höhe waren, sah ich den Mann an und sprach ihn an: »Sag mal, bist du blöd, früher oder später wird dir deine Frau das Herz herausreissen und dich verarschen. Geh, solange du noch kannst. Du hast noch ein Herz, aber wenn sie es einmal in die Finger bekommt, glaub mir, dann bist du bald weg vom Fenster.«

Das Pärchen sah mich ganz entsetzt an und wusste nicht, wie es sich verhalten sollte. Ich schaute die beiden an, und ein fieses Lachen kam auf meine Lippen.

»Was ist?«, fragte ich, »noch nie dem Teufel in die Augen geschaut?«

Das Pärchen ging kopfschüttelnd weiter. Ich schrie ihnen noch ein paar Worte hinterher, die ich hier nicht erwähnen möchte. Wie kann es so weit kommen, dass ein Mensch so verbittert wird?

Ich lief noch ein Stück weiter, als ich plötzlich über einen Stein stolperte und hinfiel. Ich schlug mir das Knie auf, der Schmerz war unerträglich. Ich war wütend, die Wut stieg mir ins Gesicht und ich schrie: »Ihr könnt mich alle mal! Ich brauche euch nicht! Ich hasse euch! Ja, Mann, ich hasse euch!«

Mein Herz schmerzte und das Blut rann vom Knie am Bein hinunter. Ich war am Boden zerstört. Plötzlich lief mir eine Träne über die Backe. Mein Puls war auf 200 gestiegen, und mein ganzer Körper zitterte. Ich lag im Wald am Boden und war unfähig, noch einen klaren Gedanken zu fassen. Ich fiel in einen schlafähnlichen Zustand und spürte, wie dunkle Wesen um mich herumschlichen und mir die Energie heraussaugten oder das, was ich noch an Energie besaß. Mit geschlossenen Augen sah ich eine sehr schöne Frau vor mir, aber es ging eine eisige Kälte von ihr aus. Sie hatte giftgrüne Augen, die nichts Liebliches an sich hatten, sondern pure Härte ausstrahlten. Ich bekam Angst. Nein, Angst ist untertrieben, eine richtige Panik erfasste mich.

Die Frau grinste breit und sagte: »Ja, hab nur Angst, Angst ist meine Nahrung. Den Teufel findest du in der Verführung und die Angst wird dich zu meinem Sklaven machen. Bald gehörst du mir, bald habe ich das letzte bisschen Liebe aus deinem Herzen gesaugt. Ja, mein lieber Pascal, vergiss die Liebe. Wenn du mit mir zusammenarbeitest, hast du Macht, und zwar Macht über jeden Menschen. Du kannst dir alle Menschen zurückholen, die sich von dir abgewendet haben, und du kannst alle nach deiner Pfeife tanzen lassen. Wäre das nicht toll? Bald bist du soweit. Bis bald.« Sie entfernte sich, und man hörte noch von Weitem ihr fieses Lachen durch den Wald.

Auf einmal war ich wieder völlig bei Bewusstsein. Ich zitterte noch immer und wusste nicht, was ich tun sollte. Doch ich hatte auch wieder neuen Mut gefasst, denn ich dachte, da war jemand, der an mich glaubte, jemand, der mir Macht versprach, und zwar Macht über alle Menschen dieser Erde. Was will man mehr? Ich bemerkte nicht, was mit mir passierte. Ich war nicht mehr der junge Kerl mit Ausstrahlung. Das Einzige, was jetzt noch aus meinem Herzen strahlte, waren Hass, Gier und Angst, eine große Angst. Die Angst vor dem Versagen und die Angst, klein und schwach zu sein. Angst, dass mich die Menschen nicht verstanden. Angst vor mir selbst und vor meiner ›Gabe‹.

Die Angst trieb mich im Traum durch den Wald, das erste Mal seit langem hatte ich wieder panische Angst im Wald. Ich hatte das Gefühl, verfolgt zu werden, und rief Panda, meinen Hund, aber er hörte nicht mehr auf mich. Es war auch das erste Mal, dass Panda Angst vor mir hatte. Mir war es egal, ich rannte nur noch durch den Wald, wollte nur endlich aus diesem Wald herauskommen, mit oder ohne Hund. Sogar das war mir egal, auch wenn ich Panda über alles liebte.

Ich rannte über dicht bewachsene Wege, und auf einmal stürzte ich über eine Wurzel und schlug ziemlich hart auf dem Waldboden auf. Ein kalter Schauer lief mir über den Rücken, und ich hatte das Gefühl, dass ich von hinten auf den Boden gedrückt wurde. Ich schrie, doch niemand hörte mich. Wieder vernahm ich das fiese Lachen dieser Frau und wusste, dass sie es war, die mich hinten am Genick gepackt hatte. Mein Kopf wurde mit voller Wucht auf den Waldboden geschlagen, und ich verlor dabei das Bewusstsein. Als ich nach etwa einer Stunde wieder zu mir kam, war alles still um mich herum. Neben mir saß Panda und leckte mir das Blut vom Gesicht. Doch ich empfand dies nicht als Geste der Liebe und schlug ihm mit der Faust auf den Kopf. Panda sah mich völlig fassungslos an, und ich hatte das Gefühl, als weinte er, doch auch das war mir egal. Früher hätte ich meinen Hund nie geschlagen. Er war mein Heiligtum, doch jetzt war ich so voller Hass, dass mir alles gleichgültig war.

Ich machte mich auf den Heimweg und hatte bereits vergessen, in welcher Panik ich noch kurz zuvor durch den Wald gerannt war. Jetzt stolzierte ich schon wieder und hatte das Gefühl, die Welt gehöre mir. Zu Hause angekommen, ging ich in mein Zimmer und legte mich auf mein Bett. Nach ein paar Minuten schlief ich im Traum ein und hatte einen Traum im Traum. Ich sah meinen Großvater, Sandra, Rahel, meine Mutter und meine Schwester, wie sie alle zusammen auf einer Klippe vor dem Abgrund standen. Hinter ihnen stand die Frau mit ihrem fiesen Lachen und ich neben ihr.

Beide sahen wir voller Hass auf diese fünf Menschen. Dann sagte die Frau zu mir: »Du hast deine Arbeit sehr gut gemacht. Das Einzige, was dich von deiner Macht noch zurückhält, sind diese nichtsnutzigen Menschen. Dieser Abschaum hat dich schon viel zu lange aufgehalten. Wirf sie jetzt über die Klippe, und du wirst all die Macht erhalten, die du schon immer haben wolltest.«

Ich schaute diese Menschen an, es waren alles Personen, die ich einmal sehr geliebt hatte. Doch das konnte ich jetzt nicht mehr sehen. Ich machte einen Schritt auf sie zu und sagte: »Ihr wolltet immer das Beste für mich, aber ihr habt mich alle im Stich gelassen. Jetzt, da ich die Macht über alles bekommen kann, seid ihr wieder da und wollt durch mich Macht haben. Aber ich sage es euch jetzt: Niemand wird von mir auch nur ein bisschen Macht bekommen. Ich hasse jeden Einzelnen von euch.«

Ich lachte und mein Lachen klang schon genau so fies wie das der Frau. Mein Großvater meinte im Traum zu mir: »Pascal, was ist los mit dir? Warum bist du so blind? Siehst du nicht, dass wir die Menschen sind, die es gut mit dir meinen? Warum bist du so blind? Wach auf!«

»Halt die Fresse«, schrie ich, ging auf meinen Großvater zu und stieß ihn die Klippe hinunter. Die anderen schrien auf, und plötzlich schaute ich ganz entsetzt auf, als wäre ich gerade aus einem bösen Traum aufgewacht, doch leider war dies nicht der Fall und ich schrie: »Großvater, nein, das wollte ich nicht! Was habe ich getan! Nein, Großvater! Es tut mir leid!«

Alle schauten mich entsetzt an, schüttelten den Kopf und konnten nicht fassen, was sie gesehen hatten. Nur einer kam langsam auf vier Pfoten wie aus dem Nichts auf mich zu: Panda. Ich schaute die anderen an, Tränen liefen mir über die Wangen. Der Hund sah mich aber im Gegensatz zu den anderen nicht mit enttäuschten Augen, sondern mit den Augen meines Großvaters an. Ich ging auf die Knie und ließ mir die Tränen von Panda ablecken. Ich nahm ihn in die Arme und sagte: »Panda, du musst mir glauben, ich wollte ihn nicht die Klippen hinunterwerfen, jedenfalls wollte ich nicht, dass er stirbt.«

Der Hund sah mich an, verwandelte sich auf einmal in meinen Großvater und sagte: »Wenn du jemanden eine Klippe hinunterwirfst, musst du damit rechnen, dass er stirbt. Und wenn du dich schon aufgemacht hast, Macht zu gewinnen und auszuüben, solltest du auch daran denken, dass immer jemand darunter leiden wird! Hast du das noch immer nicht begriffen? Mit Liebe wirst du mehr erreichen als mit Hass! Sieh das endlich ein!«

Kaum hatte Großvater dies gesagt, hatte ich wieder meinen Hund im Arm. Tränen liefen mir über das Gesicht, und ich schaute mich um: Alle waren weg außer Panda.

Plötzlich wachte ich aus meinem Traum auf und wurde von Heulkrämpfen geschüttelt. Es vergingen keine fünf Sekunden, da kam mein vierbeiniger Freund in mein Zimmer und näherte sich ganz langsam. Ich sah ihn und sagte: »Komm nur, ich tue dir nichts. Es tut mir leid, ich weiß, ich habe dich schlecht behandelt. Ich hoffe, du kannst mir verzeihen!«

Panda leckte mir voll Freude übers Gesicht. Ich musste das erste Mal seit langer Zeit wieder einmal lachen.

Ich war froh, als ich aus diesem Traum endlich aufgewacht war. In diesem Moment wurde mir bewusst, dass das Böse Macht über mich hatte, aber ich wollte dem Bösen um nichts auf dieser Welt mehr die Macht geben, mich zu besitzen. Ich richtete mich in meinem Bett auf und schrie aus vollem Herzen: »Ihr Dämonen, die ihr Macht über mich habt, ich sage es euch hier und jetzt: Ich kämpfe gegen euch! Auch wenn ich diesen Kampf verlieren sollte, habe ich doch gewonnen, da mein Herz voller Liebe und Licht sein wird!«

Ich möchte an dieser Stelle noch anfügen, dass ich damals an böse Geister und Dämonen glaubte und deswegen wirklich das Gefühl hatte, sie seien an meinem Unglück schuld. Doch heute weiß ich, dass es mein Denken und meine Ängste waren.

Panda sprang zu mir aufs Bett und setzte sich vor mich hin. Ich kniete mich vor ihn hin und schaute ihn an. Er kam langsam auf mich zu, streckte mir seinen Kopf entgegen und biss mir sanft in die Nase. Ich sah Panda verwundert an, denn das hatte er noch nie getan. Dann kam er wieder ganz vorsichtig und biss mich wieder zart in die Nase. Es war, als würde mir jemand freundlich in meine Nase zwicken. Ich musste lachen: »Panda, ich wusste schon immer, dass du kein normaler Hund bist, aber du bist wirklich ein sehr merkwürdiger Hund!« Panda schaute mich an, und mir kam es so vor, als würde er mich ein bisschen anlächeln und fragen: »Ich soll eigenartig sein? Sprichst du mit toten Menschen oder ich?«

Mir ging es jetzt schon wieder ein bisschen besser, aber mir wurde bewusst, dass ich immer noch ganz allein war.

Plötzlich vernahm ich eine Stimme: »Pascal, alle haben dich verlassen, du musst gegen sie vorgehen. Deine Möchtegern-Freunde wollen dich fertigmachen! Siehst du das nicht? Kämpfe gegen sie, du hast die Macht, verfluche sie!«

»Nein!«, schrie ich, »nein, damit komme ich nicht weiter. Geh, Dämon! Geh, lass mich!«

Die Stimme ließ nicht locker: »Sei nicht blöd, ich bin dein Freund und zusammen sind wir stark, wir haben die Macht!«

Ich konnte nicht mehr, ich verließ mein Zimmer und ging nach draußen. Ich hatte das Gefühl, als ob ich von einer unsichtbaren Person verfolgt wurde. Ich hörte immer wieder diese Stimme und fühlte eine eisige Kälte im Nacken.

»Siehst du nicht, wie alle Menschen dich mit hasserfüllten Augen ansehen? Siehst du nicht, dass alle Menschen denken, dass du ein ›Looser‹ bist, ein Penner, ein Nichts? Siehst du das denn nicht, du Idiot?«

»Lass mich! Nein, ich sehe es nicht. Ich sehe Liebe in den Menschen.«

Ich hörte, wie die Stimme lachte und flüsterte: »Ja, belüge dich nur selbst, du Depp! Liebe in den Menschen, ein guter Witz. Komm, hör endlich auf, dir etwas vorzumachen.«

Ich wurde sauer und schrie: »Ich sag es dir jetzt noch einmal, ich bitte dich mit Gottes Liebe, verlass mich! Kann sein, dass mich alle Menschen hassen, aber ich verzeihe ihnen und schicke ihnen Liebe, und was man aussendet, kommt dreifach zurück! Immer! Das ist ein magisches Gesetz! Liebe verbitterte Stimme, auch dir schicke ich Liebe und wünsche, dass du deinen Weg ins Licht findest.«

Die Stimme sagte noch, ich sei blöd und sie werde wiederkommen, wenn ich wieder richtig im Kopf sei. Auf einmal fühlte ich mich so richtig frei und leicht, als hätte mir jemand eine hundert Kilogramm schwere Last abgenommen. Ich lief durch die Straßen und sah plötzlich eine Person, die ich kannte. Jedenfalls hatte ich das Gefühl, diese Person zu kennen. Ich lief auf diesen Menschen zu, und da wusste ich auch wieder, wer es war: Rahel. Ich konnte es nicht glauben und rannte auf sie zu.

Sie begann zu lachen und sagte: »Schön, dich zu sehen. Ich sehe, es geht dir wieder besser.«

»Ja, aber ich hatte eine harte Zeit. Doch jetzt habe ich bemerkt, dass nur ich meinen Weg gehen kann und dass ich mein Denken ändern muss. Ich muss mich auch von Estell lösen, sie hat mich ganz schön manipuliert. Ich weiß nicht, ob sie es böse gemeint hat, das denke ich nicht, aber ich habe, seit ich sie kenne, nur noch das Schlechte in den Menschen gesehen, ich habe überall nur Negatives gesehen und gedacht. Mein Leben wurde dadurch echt zur Hölle.«

»Nur mit Liebe können wir in dieser Welt etwas ändern, mit Hass, Krieg und Verfluchen bestimmt nicht«, sagte Rahel.

»Ja, du hast recht, doch für diese Erkenntnis würde ich jederzeit wieder durch die Hölle gehen. Jeder Schmerz, den ich durchgemacht habe, hat mir geholfen, meinen Weg zu finden, und zwar den Weg des Lichts. Ich danke dir und allen, die mich verlassen haben, damit ich dies erkennen durfte. Ich liebe euch dafür und danke euch, und ich weiß, ihr habt mich nicht wirklich verlassen. Ich glaube auch nicht, dass es wirklich böse Geister gibt, sondern dass ich einfach nur das Schlechte gesehen habe. Ich bin dankbar für diese Erkenntnis.«

Ich ging mit Rahel noch in ein Restaurant, schließlich hatten wir uns viel zu erzählen. Dort setzten wir uns an unseren Stammtisch, schauten uns an und schwiegen einfach einen Augenblick. Dann sagte Rahel: »Weißt du noch, wie wir vor Monaten hier gesessen und uns gewünscht haben, medial zu sein? Man muss sich immer gut überlegen, was man sich wünscht, man könnte es bekommen! Betrachtest du es nun als Gabe oder als Fluch?«

Ich dachte eine Zeitlang nach und antwortete dann: »Ich weiß es nicht genau, ich denke, es ist eine Gabe, aber ich habe auch gemerkt, dass es nur eine Gabe ist, wenn man in Liebe handelt und Gutes will. Sobald man Schlechtes will oder etwas erzwingen möchte, wird es zum Fluch. Auch habe ich manchmal immer noch Angst vor meiner Hellsichtigkeit. Weißt du, ich habe dadurch den Menschen verloren, den ich geliebt habe. Aber mir ist auch bewusst, dass ich Sandra verlieren musste, damit ich auf meinem Weg weiterkommen konnte. Ohne sie würde ich heute noch in den zwei Welten herumirren. Sie hat als erster Mensch mein Herz so richtig geöffnet und es bekommen, das hat bisher noch kein Mensch geschafft. Aber da ich mit meiner Gabe nicht aus dem Herzen heraus gehandelt habe, wurde sie zu einem Fluch.

Erst als Sandra mich verlassen hatte, spürte ich mein Herz wieder und begann, langsam gegen das Böse anzukämpfen. Dank meiner Liebe fand ich den Weg, und ich weiß, wenn es sein soll, bekomme ich eine zweite Chance.

Falls unser gemeinsamer Weg aber wirklich schon zu Ende sein sollte, bin ich froh, dass mir die Liebe zu ihr dies alles gezeigt hat, und ich dank ihrer Hilfe gelernt habe, mit meiner Hellsichtigkeit umzugehen. Ich habe lange geglaubt, Estell hätte mich gelehrt, mit meiner Gabe umzugehen, aber das ist nicht ganz richtig. Ja, mit ihr konnte ich sprechen, und sie hat viele Dinge auch so gesehen, aber sie konnte mich nicht das Wichtigste lehren, und das Wichtigste ist immer die Liebe: in Liebe handeln, aus dem Herzen. Der Satz aus *Der Kleine Prinz* ist einer der besten und wichtigsten Sätze, die ich kenne: ›Man sieht nur mit dem Herzen gut.‹ Ich glaube, Medialität ist dann eine Gabe, wenn man mit ihr umgehen kann. Wenn ich ein ›positiv‹ eingestellter Mensch bin, werde ich hauptsächlich auch nur schöne und hilfreiche Dinge wahrnehmen. Gehe ich aber mit einer negativen Einstellung durchs Leben, werde ich auch nur solche Dinge wahrnehmen. Man macht sich die Hölle selbst, denke ich. Ich werde meine ›Gabe‹ jedenfalls gut ausbilden lassen, so dass ich mit ihr richtig umgehen kann. Dann ist es bestimmt eine Gabe. Ich habe mich auch entschlossen, nichts mehr mit Estell zu unternehmen. Ich werde mich nicht mehr bei ihr melden und mich nur noch auf meine Intuition verlassen und nicht mehr darauf hören, was sie gut oder nicht gut für mich findet. Ich hätte Zoey ernst nehmen sollen, er hat mir immer wieder gesagt, ich solle auf meine innere Stimme hören.

Mein Gefühl hat mir schon ganz am Anfang gesagt, dass mit Estell etwas nicht stimmt. Du hast gespürt, dass sie mehr davon spricht, was sie alles sieht, und dabei einfach nur Müll ablädt. Sogar Sandra hat ihr nicht getraut. Doch ich war blind und habe ihr absolut alles geglaubt. Was für eine schmerzhafte Erfahrung! Dennoch bin ich dankbar, dass ich diesen Irrweg zur Erkenntnis machen durfte, und bin auch sicher, dass Estell es im Grunde ihres Herzens gut mit mir gemeint hat. Doch manchmal wäre mir einfach die Wahrheit lieber gewesen als tolle Geschichten. Sorry, dass ich einen Monolog halte! Was hast du so erlebt?«

Rahel schaute mich an, und ein kleines Lächeln huschte über ihr Gesicht: »Du bist in dieser kurzen Zeit richtig weit gekommen. Und übrigens hast du mein Leben gerettet.«

»Was? Warum? Das versteh ich nicht, ich hab dich doch länger nicht mehr gesehen!«

»Ja, ich bin in Tunesien gewesen und habe mich dort sofort zu Hause gefühlt«, begann sie. »Jedenfalls habe ich dort einen Typen getroffen, bei dem ich das Gefühl hatte, ihn schon aus einem früheren Leben zu kennen. Pascal, dieses Gefühl war so stark, ich habe mich in diesen Mann verliebt und wollte nicht mehr nach Hause kommen. Ich dachte, ich hätte gefunden, was ich mein ganzes Leben lang gesucht habe. Trotzdem war ich irgendwie traurig, aber ich wollte nicht mehr hierher zurückkommen. Eines Tages ging ich an den Strand und schaute so aufs Meer. Ich bat um ein Zeichen, was ich tun sollte, als ich plötzlich ganz fest an dich denken musste, und auf einmal sah ich dich von Weitem auf mich zukommen. Du sahst aus wie ein Geist, halb durchsichtig und ganz weiß gekleidet. Du hast dich neben mich in den Sand gesetzt und gesagt: ›Rahel, komm nach Hause! Du gehörst in unsere Welt. Du gehörst nicht dorthin.‹ Dann bist du aufgestanden und davongelaufen. Glaube mir, ich habe mir das nicht eingebildet, du warst da! Ich hab dich gesehen, und ich spinne doch nicht. Danach wusste ich, dass es an der Zeit ist, zurück nach Hause zu gehen.«

»Glaube mir, ich denke bestimmt nicht, dass du spinnst«, versicherte ich ihr. »Ich habe selbst so viele unglaubliche Dinge erlebt und gesehen, dass ich manchmal das Gefühl hatte, ich sei nicht normal. Aber was ist denn normal? Ein Wort? Ein Zustand? Oder einfach eine Norm, die uns von unseren Mitmenschen aufgedrückt wurde? Ich weiß es auch nicht, aber mir kommt es so vor, als ob ich noch nie so normal gewesen wäre wie in den letzten Monaten.«

Wir sahen uns an und begannen zu lachen. »Ja, vielleicht sind wir zwei Irre und werden von der Polizei gesucht, aber wenigstens sind wir doch zwei glückliche Irre, oder nicht?«, meinte Rahel.

»Ich weiß nicht, ob ich schon glücklich bin, aber ich weiß, ich werde meinen Weg gehen, und ich habe so ein Gefühl im Herzen, als wüsste ich jetzt langsam, was meine Aufgabe ist. Ich kann es noch nicht konkret sagen oder umsetzen, aber in meinem Herzen spüre ich, dass ich jetzt auf dem richtigen Weg bin.«

Wir saßen noch lange schweigend da, aber man sah,

dass unsere Gedanken nicht eine Sekunde lang ruhten. Dann meinte Rahel: »Mach dir keine Sorgen wegen der Liebe, dein Herz war noch nie so rein wie jetzt, und auch wenn du nochmals tausend Jahre leben musst: Du wirst wieder mit Sandra zusammenkommen, denn seinem Schicksal kann man nicht entkommen. Liebe ist stärker als der Tod. Was würdest du alles für deine Liebe tun?«

Ich schaute sie an und schmunzelte: »Ich würde weitere tausend Leben leben, um nochmals eine solche Seele zu treffen. Ich würde nochmals durch die Hölle gehen, aber ich weiß nicht, ob Sandra und ich schon in diesem Leben füreinander bestimmt sind. Es ist aber auch nicht mehr so wichtig für mich, ob ich jetzt schon mit ihr körperlich zusammen bin oder nicht, in meinem Herzen hat sie einen sehr großen Platz eingenommen, und alles andere ist unwichtig. Außerdem habe ich in meinen letzten Leben bestimmt auch noch andere Frauen gehabt. Wenn Sandra mich nicht mehr möchte, dann liebe ich in diesem Leben und vielleicht auch in den nächsten tausend Leben eine andere Frau. Wer nicht will, der hat schon!«

Wir mussten beide lachen, und Rahel meinte: »Gut, so gefällst du mir schon um einiges besser!« Danach machte ich mich langsam auf den Heimweg. Ich fühlte mich schon viel besser, wusste aber auch, dass noch ein langer Weg vor mir lag. Ich wusste, ich hatte den ersten Schritt gemacht und fühlte auch, dass ich einfach zu meiner Hellsichtigkeit stehen musste, damit ich mit mir und meiner Gabe ins Reine kam. Leider war dies das letzte Treffen mit Rahel. Unsere Wege haben sich danach getrennt. Einen wirklichen Grund gibt es nicht, aber ich denke, unsere gemeinsame Zeit war hier vorerst zu Ende. Ich bin dankbar, dass ich sie kennen lernen durfte; kein Mensch hat mir in dieser Zeit so nahegestanden und so viel geholfen wie sie. Dafür danke ich dir, falls du dieses Buch jemals lesen solltest.

Ich möchte hier noch kurz etwas anmerken: Ich weiß, dass ich hauptsächlich von Hellsichtigkeit spreche und dass es diverse Formen von Medialität gibt wie zum Beispiel Hellsehen, Hellfühlen, Hellhören, Hellschmecken, Hellriechen und Hellwissen. Doch bei mir war zu dieser Zeit vor allem die Hellsichtigkeit sehr stark ausgeprägt. Ich möchte jetzt noch ein Kapitel anhängen, das Sandra für mein erstes Buch geschrieben hat, als wir noch zusammen waren. Ich drucke es hier nochmals unverändert ab, weil es sehr schön ihre Gefühle zeigt.

Wie sich das Leben ändert

Dieses Kapitel fällt etwas aus dem Rahmen, denn ich bin die Freundin von Pascal, und ich bin ›normal‹. Damit will ich sagen, dass ich keine medialen Fähigkeiten habe. Als ich vor drei Jahren mit Pascal zusammenkam, war alles so, wie es bei anderen frisch verliebten Paaren auch ist. Na ja, vielleicht nicht so ganz, denn es war Liebe auf den ersten Blick. Der Ausdruck in seinen Augen hatte mich gefesselt, obwohl wir es nicht ertragen konnten, uns in die Augen zu schauen. Wir waren uns sehr vertraut, obwohl wir uns nicht kannten. Wir überlegten uns schon damals, ob wir uns aus einem früheren Leben kannten. Und heute sind wir ziemlich überzeugt davon. Es war bestimmt kein Zufall, dass wir uns trafen. Wie, wann und in welcher Beziehung wir früher zueinander gestanden haben, wissen wir noch nicht, aber ich bin sicher, es wird nicht mehr lange dauern bis zu dieser Erkenntnis.

Ich bin mit Pascal langsam in die mediale Welt hineingewachsen, wenn auch nur als Zuschauer. Alles begann, als er mir eine Botschaft von Zoey gab und sagte, dass auch ich einen Begleiter hätte, den ich um Rat fragen könne. Und er erzählte mir von Zoey. So lernte ich ihn (er ist ein männliches Wesen) Schritt für Schritt kennen, und heute ist es normal für mich, dass er immer in unserer Nähe ist. Ich habe auch einen Begleiter, das hat mir

Pascal gesagt, denn er kann ihn sehen. Ich nenne ihn Yves. Ich kann mich aber nicht bewusst mit ihm unterhalten und ihn auch nicht sehen. Ich spüre einfach manchmal, dass er da ist. Ich hatte noch nie Angst vor ihm, weil ich weiß, dass er für mich da ist und nicht gegen mich. Manchmal, wenn ich am Abend nicht einschlafen kann, rede ich mit ihm. Ich erzähle ihm einfach alles. Es ist mir egal, dass ich keine Antwort bekomme, die ich hören kann. Ich weiß nämlich, dass er mich in meinen Träumen besuchen kommt und mir so hilft. Ich sehe Yves als meinen Freund. Aber ich konnte das nicht immer, erst seit ich weiß, dass es ganz normal ist, einen Helfer zu haben.

Ich kann mich noch gut an den Tag erinnern, an dem Pascal an diese Feuerwehraushebung musste. Denn da hat alles so richtig angefangen. Da traf Pascal seine Rahel wieder. Von da an verschlang er tonnenweise Esoterikbücher, diskutierte stundenlang mit Rahel und freundete sich langsam mit den Fähigkeiten an, die nun zu Erwachen anfingen. Ich schreibe absichtlich Erwachen, denn eigentlich waren sie schon immer da, nur nicht so ausgeprägt. Er wusste auch da schon, dass ich am Telefon war, bevor er es abnahm. Er spürte auch immer sehr genau, wenn es mir nicht gut ging. Er konnte auch da schon unterscheiden, ob ihm die Leute die Wahrheit sagten oder ihn anlogen. Er hat niemals daran gezweifelt, dass es Geister, Seelen von Verstorbenen, Engel, Helfer und übersinnliche Fähigkeiten gibt. Und er hatte nie Angst vor ihnen. Diese Angst kam erst, als er merkte, dass es diese Dinge nicht nur gibt, sondern er auch alle medialen

Fähigkeiten hat. Und die Seelen wissen, wer medial ist und wer nicht. Pascal kann diese Fähigkeiten nicht abstellen, denn die ganzen Eindrücke kommen tausendfach über ihn. Übers Hören, Sehen und Fühlen. Liebe Leser, wenn ihr jetzt denkt, ihr könnt das nachvollziehen, dann vergesst es gleich wieder. Ihr könnt es nur versuchen zu akzeptieren. Oder hattet ihr schon einmal Schmerzen, wenn ihr einen Menschen mit schlechten Energien berührt habt? Könnt ihr überhaupt sehen, wenn jemand schlechte Energien hat?

Es folgte die Geschichte mit dem Geist im Haus. Pascal und Rahel wurden mal für eine »Geisteraustreibung« in ein Haus gerufen. Für mich war das der absolute Horror. Ich konnte mir auch nicht die ganze Geschichte auf einmal anhören, das war einfach zu viel. Ich war manchmal sehr skeptisch, wenn er mir von seinen hellsichtigen Eindrücken erzählte, aber so viele Zufälle kann es gar nicht geben. Und ihr hättet seine Augen sehen müssen, ich wusste einfach, er würde mich nie anlügen, und wenn er Prognosen über die Zukunft machte, trafen sie meistens ein. Auch wusste er immer Dinge über mich oder andere, die er eigentlich gar nicht wissen konnte. Ich sah die Faszination in seinen Augen, wenn er über Spiritualität und die geistige Welt sprach. Aufregung, aber auch Angst. Angst vor dem, was jetzt beginnen würde. Vor dem langen Weg, der noch vor ihm lag und den er jetzt angetreten hatte. Aber ich sah auch Entschlossenheit und Kraft, diesen Weg zu gehen. Erleichterung, als er endlich wusste, dass er diesen Weg gehen darf, ohne als verrückt zu gelten, und die Einsicht, dass er diese Fähigkeiten nicht einfach zum Vergnügen bekommen hatte, sondern eine wichtige Lebensaufgabe zu erfüllen hatte.

Ich erlebe dies alles an seiner Seite mit. Pascal erzählt mir immer die Neuigkeiten über sich und seine Erfahrungen. Für mich ist es so, als lerne er sich gerade nochmals neu kennen. Als habe er endlich das gefunden, wonach er immer gesucht hatte. Nach dem, wer er ist und was er wirklich will. Ich muss sagen, dass es für mich manchmal sehr schwer ist, es wird mir dann zu viel. Wenn ich ihn um Rat frage, sieht er über meinen Kopf hinweg und fragt Zoey um Rat, oder mitten in einer Diskussion fügt er etwas hinzu, was Zoey ihm gerade gesagt hat. Sitzen wir einander gegenüber und er schaut an mir vorbei, weiß ich, er betrachtet gerade meine Aura. Und er kann wirklich sagen, wie es mir geht. Nur anhand der Farben. Er kann sehen, wo ich Schmerzen oder Muskelkater habe, ob ich mich gerade über etwas aufrege, was er sagt, oder wann ich lüge. Wenn ich nicht einschlafen kann, schickt er mir Schlaf, und meine störenden Gedanken sind verschwunden. Ich schlafe einfach ein. Bin ich am Lernen und kann mich nicht mehr konzentrieren, schickt er mir Energie. Habe ich Kopfschmerzen, legt er seine Hände auf meine Stirn und lässt sie verschwinden.

All diese Dinge haben mich vom Außersinnlichen überzeugt. Ich habe früher nie an solche Dinge geglaubt und würde es auch heute noch nicht, hätte ich ihn nicht kennen gelernt. Und wer weiß, vielleicht schlummern diese Fähigkeiten auch in meinem Unterbewusstsein. Im Moment bin ich noch nicht bereit, mich mehr darin zu vertiefen. Ich wüsste im Moment noch nicht, wie ich damit umgehen müsste. Aber irgendwann wird auch meine Zeit kommen. Irgendwann werde auch ich mich öffnen können. Das Ganze lässt mich nicht kalt, es berührt und beschäftigt mich bis in mein Innerstes. Und ich glaube fest an diese Kraft. Noch lasse ich mir aber lieber die Karten von Pascal legen, als dass ich sie mir selbst lege. Pascal und Rahel, ich wünsche euch beiden, dass ihr diesen Weg so lange zusammen geht, wie es bestimmt ist. Danke, dass ihr mich daran teilhaben lässt. Ich schicke euch Liebe, viel Liebe. *Sandra*

Meine Mutter

Eine wichtige Person in meinem Leben war und ist meine Mutter. Oft werde ich gefragt, wie meine Familie mit meiner Hellsichtigkeit umgeht. Deswegen habe ich mich entschlossen, ein Kapitel darüber zu schreiben. Ich werde hier nur von meiner Mutter erzählen, da ich später noch auf meinen Vater eingehen werde. Bei meiner Schwester ist es schnell erklärt: Sie akzeptiert ihren Bruder so, wie er ist, obwohl sie bei vielen Dingen, die ich erzähle, mit einem Lächeln den Kopf schüttelt. Dennoch fragt sie mich oft um Rat, aber ich darf dann nicht sagen, woher ich die Informationen habe, sondern muss einfach einen brüderlichen Rat geben, dann ist es für sie in Ordnung. Dennoch steht sie hinter mir, auch wenn sie nicht zu allem dieselbe Meinung hat. Doch auch meine Schwester weiß unbewusst, dass sie selbst sehr feinfühlig ist und sehr viel wahrnimmt. Es gibt lichtvolle Momente, da sagt sie mir das sogar.

Jetzt aber zurück zu meiner Mama. Für sie war es bestimmt nicht immer sehr leicht, mit meiner ›Andersartigkeit‹ umzugehen. Als ich mit meiner Medialität noch nicht viel anfangen konnte, sah ich ein paarmal in ihren Augen, dass sie sich Sorgen um mich gemacht hat. Sie hat sich zwar schon früher mit Spiritualität beschäftigt und auch schon einiges mitbekommen, aber es so hautnah mitzuerleben, war auch für sie sehr ungewohnt. So wie ich mich neu entdeckte, so entdeckte sie ihren Sohn neu. Ich weiß nicht, ob sie mir von Anfang an geglaubt hat, dass ich mehr sehe als andere. Aber falls sie es mir nicht geglaubt hat, hat sie sich nie etwas anmerken lassen. Sie hatte immer ein offenes Ohr und hat mir zugehört.

Mein Vorteil ist, dass meine Mutter selbst auch schon einige außersinnliche Wahrnehmungen in ihrem Leben gemacht hat. Wäre es anders gewesen, weiß ich nicht, ob ich meine Fähigkeiten so schnell hätte entwickeln können. Ich vermute, dass es ihr in der Zeit, als es mir schwerfiel, mit meiner Hellsichtigkeit umzugehen, ihr manchmal lieber gewesen wäre, ich hätte mich nicht mehr mit Spiritualität beschäftigt. Dennoch hat sie mich unterstützt und mir geholfen, mein eigenes Geschäft aufzubauen. Auch wenn sie es am Anfang lieber gesehen hätte, wenn ich Moderator und Schauspieler geblieben wäre. Ist ja auch klar, überleg mal, liebe Leserin, wie oft wirst du wohl als Mutter gefragt, welchen Beruf dein Sohn ausübt? Ich denke, da ist es für alle einfacher zu sagen: »Mein Sohn ist Schauspieler.« Stell dir mal vor, deine Eltern hätten sagen müssen: »Mein/e Sohn/Tochter ist Hellseher/in.« Die Gesichter der Leute müsste man dann sehen.

Ich weiß nicht, was meine Mutter fremden Menschen erzählt. Es ist mir auch nicht wichtig. Für mich zählt nur – und dafür bin ich ihr dankbar –, dass sie zu mir steht und den Menschen, die ihr wichtig sind und ihr nahestehen, sagen kann, was ich mache. Doch ich würde auch verstehen, wenn sie es nicht täte. Ich erzähle ja heute noch nicht allen Menschen, was ich genau mache. Für einige bin ich einfach Lebensberater oder Meditationslehrer oder Betreiber eines Online-Shops im Internet. Stimmt ja auch!

Wie gesagt, ich weiß nicht, ob mich meine Mutter am Anfang für voll nahm, doch heute ist es für sie kein Problem, wenn ich ihr sage: »Du, Großvater hat mir dies oder jenes gesagt«, oder wenn ich ihr Grüße von meinem Vater überbringe. Sie hat inzwischen mitbekommen, dass ich ziemlich normal bin!

Einmal, an einem Sonntag, stellte ich für meine Mutter einen Kontakt zur geistigen Welt her. Das war noch ziemlich am Anfang und bestimmt auch für sie ein Beweis, dass es stimmte, was ich erzählte. Ich sah auf einmal eine Dame ungefähr in ihrem Alter neben ihr stehen. Ich beschrieb sie ihr, und sie wusste gleich, wer es war, eine Freundin aus ihrer Schulzeit. Nur ein Punkt war ihr unklar.

Ich sagte: »Ich sehe, wie du mit ihr in einem Park sitzt und dort isst. Es ist in der Nähe von eurer Schule. Ich sehe, dass es dort Wasser gibt, einen Teich oder so ähnlich, und ihr seid mit dem Fahrrad dort.«

»Nein«, widersprach sie, »das stimmt nicht, es gab dort einen Park, so wie du ihn beschrieben hast, aber keinen Teich, und mit dem Fahrrad waren wir auch nie dort. Ganz bestimmt nicht.«

Ich war enttäuscht, da es mir doch besonders wichtig war, meine Mutter von mir zu überzeugen, und ich fragte die Freundin meiner Mutter in der geistigen Welt nochmals, ob sie sich sicher sei. Diese war sich hundertprozentig sicher, so wie meine Mutter sich sicher war, dass es sich anders verhielt. Daraufhin forderte die Verstorbene uns auf: »Schaut euch die Fotos aus dieser Zeit an, und du kannst es beweisen!«

Daraufhin holten wir die Fotoalben aus dieser Zeit. Wir staunten beide nicht schlecht, als wir ein Foto von dem Park fanden, auf dem zu sehen war, wie die beiden vor einem Teich in der Nähe der Schule gerade etwas aßen und daneben die beiden Fahrräder standen! Wie mein Lehrer Andy immer meint: »Glaube der geistigen Welt, das sind keine Deppen, die wissen, wovon sie sprechen!«

Ich merke gerade, dass es mir nicht leichtfällt, über die Sicht meiner Mutter zu schreiben, da es ja dann ihre Sicht aus meiner Sicht ist. Da sie mich auch immer unterstützt hat und an mich glaubt, weiß ich nicht, wie viele Probleme ihr meine Medialität bereitet. Sie hat mir nie das Gefühl gegeben, ich sei »eigenartig«. Ich bin ja überzeugt, dass eine Seele sich, bevor sie inkarniert, ihre Eltern sehr genau aussucht und auch die Eltern, als sie noch in der geistigen Welt waren, ihr Einverständnis gegeben haben, dass eine Seele bei ihnen inkarnieren darf. Ich kann sagen, dass ich wirklich ein goldenes Händchen hatte, als ich meine Mutter ausgesucht habe. Keine Ahnung, ob ihr Händchen auch so golden war, als sie mich ausgesucht hat. Ich denke mal, es gab Zeiten, da hat sie sich bestimmt gedacht: »Da habe ich wohl die falsche Seele ausgesucht.« Na ja, liebe Mutter, da bist du selbst schuld, du konntest wählen, aber da ich jetzt schon mal da bin, danke ich dir, dass du die Aufgabe angenommen hast. Mir ist mehr als bewusst, dass ich viel Glück habe, aber auch du hast viel Glück!

Wenn ich Lebensgeschichten von anderen Medien lese, wird mir sehr schnell klar, dass ich wirklich großes Glück hatte. Viele andere hatten es nämlich nicht so leicht in der Kindheit. Entweder wurde alles als Fantasie abgetan oder man hat ihnen verboten, darüber zu sprechen, oder sie als Lügner bezeichnet. Bei mir war dies nie der Fall, und dafür bin ich einfach dankbar.

Alltag

Seit ich meine Gabe entdeckt habe, sind schon einige Jahre vergangen. Ich finde, ›Gabe‹ ist nicht das richtige Wort. Es ist eher ein Talent. Dennoch denke ich, dass jeder Mensch diese Fähigkeiten hat. Manche einfach stärker und andere nicht so ausgeprägt. Jeder kann zum Beispiel Klavier spielen lernen, aber nicht jeder ist und wird ein Mozart. Ich habe nach meiner Krise versucht, mit meiner Fähigkeit zu leben, aber immer wieder gemerkt, wie schwierig es ist, diese anzunehmen, da sie von vielen nicht als normal angesehen wird.

Schwierig war manchmal auch, dass sich meine Hellsichtigkeit spontan meldete. Ich konnte sie nicht einfach ein- und ausschalten. Zu dieser Zeit war ich noch in Deutschland an der Schauspielschule. Dort lernte ich am meisten über die Aura und trainierte auch meine Hellsichtigkeit. Als Schauspieler muss man manchmal stundenlang einfach nur dasitzen und zuschauen, auch während der Ausbildung, und diese Zeit nutzte ich, um die Auren meiner Kollegen zu studieren. Ich beobachtete, wie sie sich mit den Emotionen auf der Bühne veränderten. Das war sehr spannend, und ich lernte zu dieser Zeit sehr viel über Auren.

Als Ende 2002 meine Ausbildung als Schauspieler kurz vor dem Abschluss stand, stellte ich mir immer öfter die

Frage, ob ich wirklich als Schauspieler arbeiten wollte. Ich interessierte mich nämlich immer mehr für Spiritualität. Ich kam zu dem Entschluss, dass ich die Schauspielerei nur noch nebenbei machen wollte. Es war einfach nicht mehr meine Welt. Doch wie sollte ich das meiner Mutter klarmachen? Schließlich hatte sie mich all diese Jahre unterstützt. Als ich mit sechzehn Jahren anfing, eine Jugendsendung zu moderieren, drückte sie ein Auge zu, wenn meine Schulnoten zu wünschen übrig ließen, weil die Schule darunter litt. Als ich nach der Schule auf die Schauspielschule wollte, setzte sie auch alle Hebel in Bewegung, damit ich dort anfangen konnte. Obwohl es sehr viel Geld kostete und sie alleinerziehende Mutter war. Jetzt konnte ich doch nicht schon wieder kommen und sagen: »Danke, dass du mir die Schule bezahlt hast, aber ich möchte jetzt nicht mehr Schauspieler sein, sondern etwas in Richtung Esoterik machen.« Das konnte ich nicht machen.

Doch wie der ›Zufall‹ manchmal so spielt, meinte meine Mutter im Januar 2003: »Du bist doch im März mit der Schauspielschule fertig, weißt du schon, was du danach machen möchtest? Ich habe das Gefühl, dass dein Herz nicht mehr so für die Schauspielerei schlägt. Warum machst du nicht etwas, was du gerne machst? Warum eröffnest du nicht einen Esoterikladen?« Mir blieb der Mund offen stehen, da ich nur wenige Tage zuvor gedacht hatte, dass mir dies gefallen würde. Dort konnte ich meine Medialität gebrauchen, Esoterikartikel verkaufen und dennoch unbewusst die Menschen beraten. Daraufhin erzählte ich meiner Mutter, dass ich auch schon daran gedacht hätte. Wir sprachen noch darüber, und im Grunde war damit klar, dass ich im März 2003 mein eigenes Geschäft eröffnen wollte. Zwei Tage später hatte ich auch schon die geeigneten Räumlichkeiten dafür gefunden.

So gab es von Februar bis März einiges zu tun. Ich bereitete mich für die Abschlussprüfungen der Schauspielschule vor, die nicht gerade sehr leicht waren, da wir nicht nur praktische Fächer hatten, sondern auch Theoriefächer wie Psychologie, Philosophie und Theatergeschichte. Außerdem starb mein Vater am 1. März desselben Jahres, worüber ich später noch berichten werde. Die Eröffnung meines Geschäfts war für den 15. März geplant. Ich weiß nicht, wie ich das alles in so kurzer Zeit schaffte, aber Hauptsache ist, dass ich es schaffte. Somit fühlte ich, dass ich meiner Berufung einen Schritt näher kam.

Plötzlich bekam ich aber auch Angst, denn mir wurde bewusst, dass die Menschen mich jetzt bestimmt fragen würden, warum ich ein Esoterikgeschäft habe. Warum nicht etwas anderes? Für die Jugendlichen gab es nur einen Grund, warum ein 23-Jähriger einen spirituellen Laden hat. Er verkauft natürlich Hanf! Lieber Leser, was ist wohl besser: Bei den Leuten als Hanfdealer zu gelten oder als Spinner dargestellt zu werden, der Stimmen hört? Mir wurde plötzlich sehr bewusst, dass ich mich wohl nicht mehr länger verstecken konnte und sollte, doch es war für mich nicht einfach, mich zu outen. Ich war nicht gerade in einer Szene groß geworden, in der man über Engel, das Leben nach dem Tod und Hellseher sprach, und wenn, dann glaubte man nicht unbedingt daran. Ich bewegte mich in der Hip-Hop-Szene, machte mit Freunden Musik, arbeitete im Fernsehen und versuchte, so viele Mädchen wie möglich kennen zu lernen. Ich hatte wirklich Angst davor, meinen Freunden davon zu erzählen. Ich muss zugeben, dass es heute noch nicht alle wissen! Jetzt vielleicht schon, wenn sie dieses Buch lesen.

Jedenfalls beschloss ich kurz vor der Eröffnung meines Geschäfts, mit meinem besten Freund Pablo darüber zu sprechen. Ich wusste nicht, wie er reagieren würde, doch ich musste ihn einfach einweihen. Ich war in dieser Zeit sowieso sehr oft bei ihm, da er immer für mich da war, als mein Vater starb. Eines Abends waren Pablo und ich allein, und er fragte mich, wie es mir gehe. Ich antwortete: »Es geht mir gut, aber, ich muss dir etwas sagen. Ich sehe tote Menschen und Auren und, na ja, ich weiß einfach ab und zu, was in der Zukunft passieren wird.«

Ich kannte ihn damals ungefähr dreizehn Jahre und dachte wirklich, er würde mich packen, ins Auto zerren und zwingen, im Krankenhaus einen Drogentest machen zu lassen. Doch ich irrte mich gewaltig. Er meinte nur: »Ja, und? Sorry, ich meine, das habe ich schon lange gerafft! Ich bin doch nicht blöd.«

Jetzt war ich sprachlos und wollte wissen: »Ist das für dich kein Problem?«

»Nein, solange du dir nicht ein Hochzeitskleid kaufst und dich Uriella nennst, ist alles easy! Okay, Alter?«

»Okay!«

Ich wusste nicht, ob ich jetzt träumte oder ob wirklich alles so leicht war. Pablo fragte: »Nimmst du trotzdem ein Bier oder trinkst du jetzt Milch?«

»Was?«

»Vergiss es, war nur ein Witz. Aber wo du gerade mal da bist: Kann ich dich was fragen?«

»Ja, logo!«

»Meine Freundin und ich schlafen in letzter Zeit ziemlich schlecht und, na ja, ich fürchte, wir haben schlechte Energien in unserem Schlafzimmer! Kannst du nicht mal schauen? Ich meine, du siehst doch bestimmt auch, ob es böse Geister sind, oder?«

»Hm, ich denke schon, obwohl ich nicht an böse Geister glaube, aber ich schaue es mir mal an.«

In Pablos Schlafzimmer nahm ich nichts Außergewöhnliches wahr. Mein Geistführer meinte aber, ich solle meine Hand ausstrecken und versuchen, die Energieveränderungen durch meine Hände wahrzunehmen. Das tat ich auch, kam mir aber ziemlich blöd vor, vor allem, weil Pablo mich dabei beobachtete. Doch als ich mit den Händen über seinem Bett war, kribbelten sie auf einmal ziemlich stark. Ich sagte ihm, dass über dem Bett etwas nicht stimme, weil meine Hände so stark kribbelten, und er rief triumphierend aus: »Ich wusste doch, dass wir hier böse Geister haben.«

»Nein, ich sehe keine Geister, das muss etwas anderes sein.«

Ich bückte mich, schaute unter das Bett und sah dort einen Mehrfachstecker. In diesem steckten wiederum diverse Kabel, die alle unter dem Bett verliefen. Es waren ungefähr fünf bis acht Kabel unter dem Bett verteilt, und durch alle lief Strom. Ich sah ihn mit hochgezogenen Augenbrauen an: »Sorry, wenn ich ein halbes Atomkraftwerk unter dem Bett hätte, könnte ich auch nicht schlafen.«

Er entfernte die Stecker und von diesem Tag an schliefen die beiden ganz normal.

Ich bin Pablo wirklich sehr dankbar, dass er mich einfach immer ganz normal behandelte. Heute interessiert er sich selbst sehr stark für den spirituellen Weg. Meiner Meinung nach hat er ebenfalls ein sehr starkes mediales Potenzial, das er gerade entdeckt, während ich dies schreibe. Auch bei der Geschäftseröffnung half er mir und schleppte eifrig Leute in meinen Laden. Ich weiß nicht, ob er einige dafür bezahlte, damit sie kamen, oder ihnen drohte, aber er brachte wirklich sehr viele Leute mit, und viele davon hätten bestimmt nicht freiwillig einen Fuß in mein Geschäft gesetzt.

Eigentlich war meine Angst unbegründet, da die meisten meiner Freunde relativ locker auf meine Fähigkeiten reagierten. Trotzdem wollte ich nicht, dass sich dies bei uns im Dorf herumsprach. Doch es machte schneller die Runde, als mir lieb war. Die meisten erwähnten das Thema mir gegenüber nie direkt. Viele gingen mir aus dem Weg oder taten so, als hätten sie nie etwas davon gehört, was mir auch ganz lieb war. Doch als ich einmal im Supermarkt war, kam einer vom Dorf auf mich zu und schrie: »Du bist vom Teufel besessen! Jesus Christus wird dich retten, aber nur, wenn du betest und aufhörst, diese Gabe des Teufels zu gebrauchen!«

Oh, Leute, ihr könnt mir glauben, ich wäre am liebsten im Erdboden versunken. Es war kurz vor Mittag, und ich glaube, jeder im Dorf wollte noch kurz vor zwölf Uhr einkaufen. Ich hatte das Gefühl, als wären alle dort und würden mich anstarren. Es war, als wäre die Zeit stehengeblieben. Ich schaute ihn nur an und fragte: »Wie meinst du das? Ich mache doch nichts Schlimmes!«

Er schrie mich weiter an und beschimpfte mich nur. Ich gab ihm einfach recht, zu allem, was er sagte, und versuchte, so schnell wie möglich aus dem Supermarkt hinauszukommen. Eingekauft habe ich an jenem Tag übrigens nicht mehr.

Das war bis heute die schlimmste Situation, vor allem, weil ich den Typen plötzlich immer wieder sah. Er gehörte irgendeiner Freikirche an. Ich dachte immer, dass Freikirchen toleranter seien, aber das ist nach meiner Erfahrung gar nicht der Fall. Ich habe mit vielen katholischen Menschen zu tun, darunter sind auch Priester und Pfarrer, und noch nie hat mich einer davon verurteilt. Von Mitgliedern aus der Freikirche oder von Protestanten wurde ich jedoch schon mehr als einmal für das, was ich bin und mache, angegriffen. Bestimmt zeigen die damit ihre Nächstenliebe! Meiner Meinung nach ist keine Religion besser als die andere.

Ich wollte hier nur einfach mal meine Erfahrungen aufschreiben, da man ja immer wieder hört, wie kleinkariert die katholische Kirche doch sei. Bei mir war das nie der Fall, ganz im Gegenteil!

In dieser Zeit wurde auch mein Wunsch, eine Freundin zu haben, wieder größer. Zugegeben, er wurde sehr groß, da ich schon seit mehr als neun Monaten Single war und Sandra nicht mehr nachtrauerte. Doch das war gar nicht so leicht. Jedenfalls nicht, wenn die Mädchen erfuhren, was ich beruflich machte. Ein Esoterikgeschäft war für sie sehr uncool!

Ich habe Pablo mal gefragt, warum ich wohl so Mühe hatte, jemanden kennen zu lernen, denn früher war das einfacher. Pablo gab mir zur Antwort: »Alter, du machst es falsch!«

»Okay, und wie mache ich es richtig?«

»Du musst in den Chat. Dort sind die besten Bräute, und die interessieren sich alle für spirituelles Zeugs.«

»Aha, und woher weißt du das?«

»Na ja, weil ich dort auch immer im Chat bin und mein Name ist ›Spirit‹. Ich erzähle ihnen von Gott und der Welt und was sie so in ihrem Leben machen müssen, das zieht voll. Die Bräute lieben mich.«

»Chat ist zwar echt nicht mein Ding, aber okay, ich werde es mal ausprobieren.«

Gleich am nächsten Tag richtete ich mir ein Pseudonym ein und fing an zu chatten. Es lief alles ganz gut, und ich kam schnell mit Mädels in Kontakt. Das Lustige war immer die dritte Frage: »Was arbeitest du?« Anfangs schrieb ich immer, dass ich in einem Esoterikgeschäft arbeitete. Die meisten meldeten sich daraufhin nicht mehr. Als hätte ich eine ansteckende Krankheit. Alle, die noch einmal antworteten, wollten später wissen, was für ein Auto ich fuhr. Wenn ich dann noch sagte, dass ich nicht mal einen Führerschein hatte, hörte ich in den allermeisten Fällen nichts mehr von ihnen. Ich war echt ratlos. Vor allem da Pablo ja meinte, dass die Frauen auf Esoterik stehen. Also beschloss ich, beim nächsten Mal eben zu schreiben, dass ich Schauspieler bin. Lieber Leser, jetzt konnte ich mich fast nicht mehr retten. Jetzt wollten mich plötzlich alle kennen lernen. Da gab ich es auf, denn ich wollte keine Frau, die mich nur liebt, weil ich Schauspieler bin, sondern jemanden, der mich so liebt, wie ich bin.

So drehte ich weiter als Single meine Runden durch die Welt. Einmal war ich mit Freunden bei uns im Pub. Wir tranken gerade zusammen ein Bier, als sich ein junger Mann – ich denke, er war so um die vierundzwanzig, also ungefähr im selben Alter wie ich damals – zu uns an den Tisch setzte. Er war der typische Bilderbuch-Hip-Hopper. Er schaute mich an und flüsterte mir ins Ohr: »Hey, Mann, ich habe gehört, dass du mit Engeln und verstorbenen Menschen sprichst! Ich glaube auch an Engel, aber erzähl es niemandem. Ich will mal mit dir allein darüber sprechen.« Ich fand diese Situation ziemlich lustig. Er steckte mir unauffällig seine Handynummer zu und verließ den Tisch. Ich kam mir vor wie ein Geheimagent, der sich mit einem Informanten trifft. Wir redeten dann öfter über dieses Thema, und heute sind wir Freunde. Später schickte er mir auch immer wieder Leute in meine Seminare oder zu meinen Vorträgen.

Ich habe wirklich viele tolle Menschen kennen gelernt, doch ich verstehe auch, dass viele Menschen Angst vor dem Übersinnlichen haben oder einfach schlechte Erfahrungen gemacht haben. Ich lernte am Anfang selbst viele esoterische Spinner kennen. Auch Menschen, die das Gefühl hatten, Medium oder Hellseher zu sein. Viele davon waren sehr schlecht ausgebildet und verbreiteten dadurch einfach nur halbes oder falsches Wissen. Am Anfang konnte ich selbst auch nicht unterscheiden, wer wirklich medial war, wer einfach nur glaubte, medial zu sein. Ich durfte einige kennen lernen, die mir mit ihren scheinbaren Visionen mehr Angst machten, als dass sie mir halfen. Damals dachte ich natürlich, dass sie alle mehr sahen und wussten als ich, da sie alle älter waren und somit auch mehr Erfahrung hatten. Sie sagten mir ja auch immer wieder, wie jung und unerfahren ich sei. Ich glaubte ihnen blind. Das war hart, aber trotzdem war es gut für meinen Weg, weil es mir den Ansporn gab, meine Medialität weiter auszubilden, um nicht selbst ein Medium zu werden, das nur Halbwahrheiten von sich gibt. Ich wollte meine Medialität so weit trainieren, dass ich eindeutige Beweise liefern konnte und nicht nur einfach Behauptungen aufstellte, die auf fast jeden Menschen zutrafen. Viele Hellseher können keine eindeutigen Beweise liefern. Sie erzählen uns etwas von vergangenen Leben, das wir selbst nicht überprüfen können, oder sie machen Zukunftsprognosen. Oft sind diese Prognosen so oberflächlich, dass die Chance groß ist, dass sie eintreffen. Wenn diese Medien Kontakte zu verstorbenen Menschen herstellen, sagen sie meistens nur: »Ich sehe deine Oma, und sie sagt, dass sie dich sehr, sehr lieb hat.« Solche und ähnliche Dinge wollte ich nicht liefern. Ich wollte, dass die Menschen wieder ein gutes Bild von Medien hatten. Ich wollte den Ruf der Hellseher wieder verbessern. Ob mir das gelingen wird, wird uns allen erst die Zukunft zeigen.

Ich beabsichtigte also, mich richtig zum Medium ausbilden lassen, und suchte deswegen im Internet nach einer entsprechenden Einrichtung. Ich hätte nicht gedacht, dass es so viele Möglichkeiten gibt, diese Ausbildung zu machen. Bei den meisten Veranstaltungen war man bereits nach ein bis zwei Wochenenden ein Medium, manchmal sogar nach nur einem Tag! Für mich war das ziemlich unverständlich. Ich hatte eine natürliche Gabe, wusste aber schon damals, dass ohne eine fundierte Ausbildung nichts gehen würde. In England zum Beispiel, wo die Spiritualität sehr verbreitet ist, gibt es sehr viele Schulen.

Auch wenn man ein gutes Musikgehör hat, ist man noch lange kein guter Sänger. Es braucht Übung und die Anleitung eines guten Lehrers. Alles andere ist für mich nicht tragbar! Wer würde zu einem Arzt oder Bauarbeiter gehen, der seinen Job in einem Wochenendkurs gelernt hat? Ich sicher nicht! Würdest du dein Kind, deinen Partner, deine Eltern oder dich selbst von einem Arzt operieren lassen, der das an nur zwei Wochenenden gelernt hat? Auch wenn er eine natürliche Begabung für seinen Beruf mitbringt.

Jetzt schlagen sicher viele die Hände über dem Kopf zusammen und behaupten: »Das ist doch wohl etwas ganz anderes! Wenn man schon von klein auf hellsichtig ist, dann kann man das einfach! Wenn man die Gabe von Gott hat, braucht man keine Ausbildung!« Das stimmt nicht! Für mich ist das naiver Glaube, denn genau deswegen werden so viele Unwahrheiten verbreitet. Genau deswegen haben Medien einen so schlechten Ruf. Die meisten sind nicht schlecht oder Betrüger, sondern einfach nur sehr schlecht ausgebildet.

Ich fand aber schließlich eine Schule im Internet, die einen guten Eindruck auf mich machte, und meldete mich für eines der Seminare an, um mir ein Bild machen zu können.

Trost aus dem Jenseits

Wie ich schon kurz erwähnte, starb mein Vater am 1. März 2003. Dies war für mich keine leichte, aber dennoch eine sehr wichtige Zeit. Ich wuchs ohne Vater auf, da sich meine Eltern scheiden ließen, als ich drei Jahre alt war. Ich hatte zu ihm damals keine sehr enge Beziehung, sondern sah ihn nur ab und zu, und bei diesen Gelegenheiten sprachen wir auch nur kurz. Er war aber für mich mehr ein Freund als ein Vater. Dennoch kann ich mich gut erinnern, wie am 1. März morgens bei uns das Telefon klingelte und meine Mutter den Hörer abnahm.

Ich wusste sofort, dass mein Vater gestorben war.

Obwohl er in den letzten dreiundzwanzig Jahren vielleicht zehnmal angerufen hatte, wusste ich, dass dieser Anruf mit ihm zu tun hatte. Mich überkam eine eigenartige, tiefe Trauer, obwohl ich so gut wie keinen Kontakt mit meinem Vater gehabt hatte. Ich war vor allem auch wütend auf die geistige Welt, weil ich schon ein paar Mal in meinem Leben den Tod von fremden Menschen vorausgesehen hatte. Bei meinem Vater aber nicht, und somit konnte ich keinen Abschied nehmen.

Das Schlimmste aber war für mich, dass ich ihn zwei Tage vor seinem Tod gesehen und nichts bemerkt hatte. Im Gegenteil. Mein Vater war schon längere Zeit krank, und es ging ihm sehr schlecht. Doch bei unserem letzten

Treffen sah seine Aura wunderbar aus. Er war umgeben von einem strahlenden Leuchten. Da dachte ich, er würde wieder ganz gesund werden. Ich war davon so überzeugt, dass ich es sogar meiner Mutter erzählte. Zwei Tage später wurde ich eines Besseren belehrt!

Er wäre nicht gestorben, wenn die Mediziner ihr Handwerk verstanden hätten. Egal, ich will nicht mit den Ärzten abrechnen. Mir jedenfalls hat der Tod meines Vaters gezeigt, dass dieses Ereignis vorherbestimmt sein musste. In den letzten zwei Jahren hatten an ihm mindestens fünf Ärzte herumgepfuscht. Die letzte Behandlung führte zum Tod, weil der Arzt nicht zwischen einer Erkältung und Wasser in den Lungen unterscheiden konnte. Das war der Grund, weshalb mein Vater in der Nacht erstickte.

Für mich sind so viele unglückliche ›Zufälle‹ keine Zufälle mehr. Dennoch war ich wütend auf die geistige Welt. Sie hätten mich warnen oder mir zumindest sagen können, dass er sterben würde. Sie hätten mich nicht im Glauben lassen dürfen, das alles gut ausgehen würde. Das war nicht fair. Ich war traurig und wütend und fragte Zoey anklagend: »Warum? Sag, warum hast du es mir nicht gesagt? Was soll das? Warum hast du mich darauf aufmerksam gemacht, dass seine Aura ein wunderbares Leuchten ausstrahlte? Warum musste ich glauben, dass er wieder gesund werden würde? Ich versteh das nicht!«

»Heilung hat stattgefunden, aber vielleicht nicht so, wie du es dir vorgestellt hast. Ich habe dich auf das Leuchten in seiner Aura aufmerksam gemacht, damit du es für immer in Erinnerung behältst. Sieh mal, wenn du jetzt oder in Zukunft an deinen Vater denkst, wirst du das Bild mit der leuchtenden Aura vor Augen haben. Du wirst ihn nicht von Krankheit gezeichnet sehen. Du wirst ein schönes Bild von deinem Vater in Erinnerung haben. Es geht ihm gut, doch davon wirst du dich bald selbst überzeugen können.«

Ich war sehr traurig und wollte in dem Moment nichts davon wissen. Heute bin ich für Zoeys Auskunft sehr dankbar und weiß, was er gemeint hat. Dieses Bild mit der leuchtenden Aura habe ich bis heute nicht vergessen. Wenn ich an meinen Vater denke, sehe ich ihn im strahlenden Licht. Ich habe schon mehrmals beobachtet, dass die Aura, kurz bevor die Seele den Körper verlässt, sehr schön leuchtet. Schon kurz nach dem Übergang meines Vaters in die geistige Welt konnte ich Kontakt zu ihm herstellen. Es war sehr bewegend für mich. Erst jetzt lernte ich ihn richtig kennen, als er schon tot war. Für mich war das ein wunderbares Geschenk.

Auch wenn er zu Lebzeiten bestimmt nicht an Medien oder Hellseher glaubte, ist mein Vater heute richtig begeistert von ihnen. Am Anfang meiner Ausbildung zum Medium ließ er mich keine Minute allein und ermutigte mich immer wieder, weiterzumachen. Er verpasste keine Möglichkeit, durch ein anderes Medium zu mir zu sprechen. Auch heute noch nehme ich ihn sehr aktiv bei mir wahr. Auch jetzt, während ich diese Zeilen schreibe, ist er bei mir. Dafür bin ich meinem Vater sehr dankbar.

Es bereitet ihm auch richtige Freude, wenn ich als Medium arbeite oder wenn er angehenden Medien als Übungsobjekt dienen darf. Viele Male, wenn ich auf Jenseitsdemonstrationen bin oder wenn ein junges Medium am Üben ist, kommt mein Vater zu mir und sagt: »Junge, ich werde gleich zu dir sprechen.« In allen Fällen nahm er anschließend durch ein anderes Medium Kontakt mit mir auf. Für mich war dies am Anfang sehr wichtig.

Kurz nach seinem Tod habe ich mit der Ausbildung angefangen. Ich wollte meine medialen Fähigkeiten stärker entwickeln. Für mich waren die Kontakte und Botschaften, die ich von meinem Vater durch andere Medien bekam, Gold wert. Sie haben mir geholfen, meine Trauer zu verarbeiten. Auch wenn sich viele Leser fragen: »Warum vermisst er seinen toten Vater, wenn er doch mit Toten sprechen und sie auch noch sehen kann?« Das stimmt zwar, und mein Vater ist mir heute um einiges näher als damals, aber ich kann ihn trotzdem nicht in den Arm nehmen. Wir Medien sind auch nur Menschen und vermissen unsere Angehörigen, wenn sie in die andere Welt gehen. Wir hören, fühlen oder sehen sie zwar noch, aber es ist trotzdem nicht dasselbe, als wenn eine Person leibhaftig vor uns steht. Ich weiß und sehe zwar, dass das Leben nach dem Tod weitergeht, aber dennoch vermisse ich ihn.

Durch die Trauerverarbeitung habe ich am eigenen Leib erfahren, wie wertvoll die Arbeit eines Mediums sein kann. Und da ich meine Fähigkeiten unter Kontrolle bringen und vertiefen wollte, war für mich klar, dass ich in eine mediale Schule gehen wollte, um den Beruf des Mediums richtig zu erlernen.

Mein erster Schultag

Einen Tag vor meinem Antritt in der medialen Schule saß ich mit ein paar Kumpels in meinem Laden »New Avalun«. Wir tranken Tee und legten Tarotkarten, in der Hoffnung, die Karten würden uns sagen, wann die nächste Beziehung kommen würde. Wir waren nämlich alle hoffnungslose Singles, wie Tick, Trick und Track – oder hat jemals jemand gesehen, dass die lustigen Neffen von Donald Duck Frauen oder Freundinnen hatten? Jedenfalls meinte ein Freund von mir: »Hey, sag mal, wenn du die Aura siehst, siehst du dann auch, ob eine Frau gut oder schlecht im Bett ist? Ich meine, das wäre doch sinnvoll, dann würde man nicht die Katze im Sack kaufen.«

Sorry, liebe Leser, wir waren damals dreiundzwanzig Jahre alt, und unsere Hormone spielten einfach verrückt. Jedenfalls wusste ich es nicht, da ich mich beim Auralesen nie auf so etwas konzentriert hatte. Ich ging an diesem Abend früh nach Hause, da ich am nächsten Tag fit für die Schule sein wollte und in den Tarotkarten sowieso keine neue Liebe für mich gesehen hatte. Am nächsten Morgen wachte ich eine Stunde zu früh auf. Als ich mich endlich auf den Weg zum ›Kaleidoskop Zentrum‹ in Bern machte, überlegte ich mir ständig, wie wohl so ein Hellseherlehrer aussehen würde. Ich hatte Angst, dass da eine Uriella oder ein mit Edelsteinen behangener Typ mit langen schwarzen Haaren auf mich wartete. (Ich wusste, dass ein Mann den Unterricht gab.) Ich war sehr nervös, da ich keine Ahnung hatte, was für Leute an so einer Schule unterrichteten. Ich weiß noch, wie ich vor dem Kurslokal stand und eine Zigarette rauchte. Ich überlegte mir lange, ob ich überhaupt eine rauchen sollte, da dies ja oft als unspirituell gilt.

Es kam ein ziemlich korpulenter Herr heraus, schüttelte mir die Hand und meinte: »Hallo, mein Name ist Andy.« Mehr sagte er nicht. Mir fiel ein, dass der Kursleiter Andy hieß. Ich dachte aber, dass nicht er dieser Typ sein konnte. Der sah so gar nicht wie ein Esoteriker aus, eher sehr ›normal‹. Ich konnte mir auch nicht vorstellen, dass ein so dicker Mensch ein Medium sein konnte. Später habe ich noch viele dicke Medien kennen gelernt, die wirklich sehr gut sind. Derjenige, der sich als Andy vorgestellt hatte, war also wirklich der Lehrer. Er war sehr lustig und überhaupt nicht das, was ich mir unter einem Medium vorgestellt hatte. Er war ein Mensch!

Ich war und bin ein sehr skeptischer Mensch, vor allem nachdem ich einige Male auf sogenannte Hellseher reingefallen bin. Ich hatte aber von Anfang an ein gutes Gefühl, und auch die anderen Kursteilnehmer sahen ganz normal aus! Keine Uriellas. Die Kontakte zur geistigen Welt der Schüler, die zum Teil schon im zweiten Ausbildungsjahr waren, hatten mich überzeugt. Sie beschrieben die verstorbenen Angehörigen sehr genau: Aussehen, Wohnung, Charakter und so weiter. Dennoch wollte ich natürlich auch wissen, ob Andy wirklich etwas auf dem Kasten hatte. Ich konnte ihn aber nicht auffordern: »Sorry, kannst du mir beweisen, dass du wirklich gut bist?« So wie ich Andy heute kenne, hätte er mich einfach nur ausgelacht. Doch mit einem kleinen Satz überzeugte er mich davon, dass er mehr wahrnahm als andere Menschen. Ich stand neben ihm, als er mich plötzlich anschaute und meinte: »Hey, man kann an der Aura erkennen, ob eine Frau gut im Bett ist. Sag das deinen Kumpels.« Ich stand mit offenem Mund da. Ich fragte noch, woran man dies erkenne, aber er lief weiter und lachte nur.

Mich hat es überzeugt und auch in all den Jahren meiner Ausbildung an dieser Schule wurde ich nie enttäuscht. Ich kann allen, die ein seriöses Medium werden wollen oder lernen möchten, mit ihrer Gabe umzugehen, eine gute Schule wirklich ans Herz legen. Mir hat es enorm viel gebracht, auch der Austausch mit anderen Menschen, die so sind wie ich. Für mich war es ein Traum, mit verschiedenen Menschen einfach ganz offen über unsere außersinnlichen Wahrnehmungen zu sprechen. Meiner Meinung nach ist eine Ausbildung zum Medium, die mehrere Jahre dauert, Gold wert, auch wenn man schon seit Geburt hellsichtig ist. Für mich war nach diesem Wochenende klar, dass ich dort meine Ausbildung machen wollte, und ich habe es bis heute nicht bereut. Ich war damals der jüngste in unserer Gruppe.

Neuer Weg, neue Liebe

Im selben Jahr 2003 war es endlich so weit. Das Warten und Suchen hatte ein Ende! Kurz bevor ich Sibylle kennen lernte, war ich bei einem Medium. Viele Leser finden es bestimmt lustig, dass jemand, der selbst hellsichtig ist, zu einem Medium geht. Na ja, würde ich mir und meiner Fähigkeit immer zu hundert Prozent vertrauen, hätte ich wohl nie auch nur eine Zeile von diesem Buch geschrieben. Es ist einfach so, dass man bei sich selbst Dinge nicht genau erkennen kann, weil man sehr von seinen Emotionen beeinflusst wird. Dieses Medium hat mir jedenfalls gesagt, dass meine nächste Beziehung eine karmische Beziehung sei und ich die Person aus einem anderen Leben kenne. Na ja, ich nahm das Ganze nicht so ernst. Ich dachte mir: »Gut, wenn ich wieder eine Freundin habe, dann freue ich mich. Wenn nicht, ist es auch nicht so schlimm.«

Lieber Leser, ehrlich gesagt, war dieser Gedanke nicht aufrichtig, denn zu dieser Zeit wünschte ich mir nichts sehnlicher, als eine Frau an meiner Seite zu haben, die mich verstand. Die mit meiner Medialität umgehen konnte und mit der ich Liebe erfahren durfte. Das Medium hatte mir gesagt, wie das Mädchen aussah und dass ich sie in meinem Geschäft kennen lernen würde. Als sie dann aber wirklich kam, bemerkte ich es nicht einmal.

Ich weiß noch, wie ich mit Reto, einem Freund, bei mir im »New Avalun« saß und einen Tee trank. Auf einmal kam eine junge Frau herein, die ich über Pablo kannte. Ich dachte mir nichts dabei und bemerkte nicht einmal, dass sie genau so aussah, wie das Medium sie beschrieben hatte. Erst als Reto meinte: »Hey, das ist die Frau, von der das Medium erzählt hat«, ging mir ein Licht auf. Jedenfalls lag ich am Abend noch lange im Bett wach und musste an dieses Mädchen denken. Dann fiel mir plötzlich auf, wie vertraut sie mir schien. Ja, mein Freund hatte recht. Wenn ich wirklich auf mein Herz hörte, war da ein Gefühl für dieses Mädchen. Immer wieder musste ich an die Worte des Mediums denken, dass es eine karmische Beziehung sei. Damals dachte ich, karmisch sei dasselbe wie Traumfrau oder Frau meines Lebens.

Ich konnte Sibylle nicht mehr vergessen. Ich wollte sie unbedingt kennen lernen und vor allem wissen, ob ich sie wirklich aus einem anderen Leben kannte. Ich wollte die absolute Sicherheit, aber gibt es die denn? Deswegen ging ich am Abend an meinen Kraftort. Dieser Ort ist nichts Besonderes. Er hat nur für mich eine besondere Bedeutung. Ich setzte mich auf einen Baumstamm, der am Boden lag, und verband mich mit Zoey.

»Lieber Zoey«, fragte ich, »kann es sein, dass ich Sibylle aus einem anderen Leben kenne? Sie geht mir nicht mehr aus dem Kopf, und ich fühle mich ihr so vertraut!«

»Warum kümmerst du dich darum, ob du sie aus einem anderen Leben kennst? Warum kümmerst du dich nicht um sie? Warum schreibst du ihr nicht und triffst sie? Geh auf sie zu und überlege, was in diesem Leben ist, und nicht, was im letzten war! Warum stellst du dir Fragen über die Vergangenheit, wo doch die Zukunft vor dir liegt?«

Ich verstand nicht, was Zoey mir genau sagen wollte, und bat ihn um eine genauere Erklärung, doch Zoey sagte nichts mehr, und ich saß an meinem Kraftort und überlegte, was ich tun sollte. Dann nahm ich mein Handy und schrieb Sibylle eine SMS. Zum Glück hatte ich mir ihre Nummer vorher bei Pablo besorgt. Pablo, mein bester Freund, war damals mit der Schwester von Sibylle zusammen. Ich hoffte einfach, dass sie mir antworten würde. Mir schien, als dauerte das Warten wochenlang, aber plötzlich piepste mein Handy und es kam eine SMS von Sibylle. Ich war überglücklich und noch glücklicher, als sie sich mit mir verabreden wollte. Ich konnte den Tag kaum erwarten. Ich kürze ein bisschen ab, da es für den Verlauf des Buches nicht so wichtig ist, und möchte einfach nur sagen, dass wir uns nach dem ersten Treffen immer öfter trafen und irgendwann auch zusammenfanden. Somit hatte das Medium wirklich recht gehabt, und ich hatte bald wieder eine neue Freundin.

Für mich war es anfangs schwierig, wie ich Sibylle klarmachen sollte, dass ich mehr wahrnahm als andere. Immerhin hatte ich im Chat nicht gerade die besten Erfahrungen mit Spiritualität und Frauen gemacht. Ich wollte es ihr gleich beim ersten Treffen sagen; da meine letzte Beziehung zerbrochen war, weil ich nicht mit meiner Medialität umgehen konnte und es für meine damalige Freundin sehr schwer war, mich zu verstehen, auch wenn sie sich wirklich Mühe gab. Dafür bin ich ihr heute noch dankbar.

Jedenfalls wollte ich Sibylle gleich reinen Wein einschenken, doch beim ersten Treffen klappte das nicht. Ich konnte ja nicht einfach sagen: »Hey, hallo, übrigens, damit du es weißt, ich sehe Verstorbene und kann, wenn ich Lust habe, deine Vergangenheit, Gegenwart und Teile deiner Zukunft sehen.« Ich glaube nicht, dass das gut angekommen wäre. Jedenfalls hatte ich wieder einmal viel Glück. Pablo warnte Sibylle vor unserem zweiten Treffen.

Natürlich vergaß mein lieber Freund einfach, mir das zu sagen. Ich wollte es ihr aber unbedingt bei unserem zweiten Treffen sagen. So gingen wir zuerst etwas trinken, und dann fragte ich, ob wir nicht zu mir ins Geschäft gehen wollten, um uns ein bisschen in Ruhe zu unterhalten. Sie hatte nichts dagegen. Im Laden setzten wir uns an einen Tisch und tranken Tee. Meine Hände waren richtig feucht, denn ich musste ja noch etwas Wichtiges loswerden, und so begann ich: »Äh, also, ich muss dir was sagen. Na ja, ich interessiere mich ziemlich für Esoterik, das wirst du ja schon gemerkt haben.«

Darauf gab sie zurück: »Ja, das habe ich bemerkt, und Pablo hat mir auch erzählt, dass du komische Dinge siehst und mit Menschen sprechen kannst, die schon gestorben sind«

»So ein Mist!«, dachte ich. Jetzt habe ich verloren. Warum hat er ihr das nur gesagt! Ich versuchte, ganz cool zu bleiben. Zum Glück bin ich vier Jahre an der Schauspielschule gewesen.

»Ah, okay«, hörte ich mich sagen. »Na, jetzt denkst du bestimmt, ich bin ein bisschen durchgeknallt?«

»Nein, ich finde es spannend, aber schon eigenartig.«

Uff, ich hatte noch nicht ganz verloren. Ich überlegte, was ich tun sollte. Da hörte ich auf einmal Zoey: »Nimm ihre Hand und erzähle ihr aus ihrer Vergangenheit!«

»Was soll ich?«, fragte ich in Gedanken zurück.

»Ihre Hand nehmen und so tun, als würdest du Handlesen und ihr aus ihrer Vergangenheit erzählen, damit sie weiß, dass du relativ normal bist.«

Ich wusste nicht, ob das eine gute Idee war. Ich hatte und habe keine Ahnung von Handlesen, aber ich vertraute einfach auf meinen Freund aus der geistigen Welt, nahm Sibylles Hand und fragte sie: »Darf ich dir aus der Hand lesen?«

Sie hatte nichts dagegen. Ich weiß noch, wie ich dachte: »Mein Gott, was tust du da wieder? Soll ich das wirklich machen, was ist, wenn es schiefgeht?« Ich hatte keine Zeit zu überlegen. Sie sah mich lächelnd an und meinte: »Okay, dann sag mal, was in meiner Hand steht.«

Ich sah mir die Handlinien an, konnte aber nichts erkennen. Nach ungefähr zwei Minuten sah ich aber eindeutige Bilder und begann diese zu beschreiben. Ich erzählte die wichtigsten Stationen und Ereignisse aus ihrer Kindheit. Ich war sehr unsicher, aber ich sagte einfach alles, was mir gezeigt wurde, und als ich fertig war, fragte sie: »Woher weißt du das alles? Du hast Dinge erzählt, die niemand sonst weiß!«

Ich wusste nicht, was ich sagen sollte. Ich glaube, ich sagte so etwas wie: »Ich weiß es einfach!«

Von diesem Zeitpunkt an betrachtete sie mich als »normalen« Menschen oder besser gesagt, sie wusste, dass ich kein Spinner war.

Ich bin der geistigen Welt auch heute noch unheimlich dankbar für den Tipp mit dem Handlesen. Ich wende ihn noch ab und zu an. Die Menschen können besser damit umgehen, wenn man sagt, man erhalte die Informationen aus den Handlinien, statt zu sagen, man sehe die Aura oder ihre verstorbenen Angehörigen.

Ich gebe es heute zu: Ich habe keine Ahnung von Handlesen! Ich glaube, Sibylle weiß bis heute nicht, wie nervös ich war, und wie große Angst ich damals hatte, von ihr für abnormal gehalten zu werden. Ich bin ihr heute noch sehr dankbar, dass sie mich so genommen hat, wie ich war, und ihre ganze Familie ebenfalls. Ich hatte nie das Gefühl, ausgeschlossen zu sein. Ich glaube, euch ist gar nicht bewusst, wie wertvoll das für mich war und immer noch ist.

Erlebnisse mit dem Übersinnlichen und mit Sibylle

Wie schon gesagt, fanden Sibylle und ich zusammen. Ich wollte anfangs immer verstehen, was das Medium mit dem Wort »karmisch« genau meinte und ob Sibylle jetzt meine Frau fürs Leben war. Ich wollte mit dem Kopf verstehen. Heute weiß ich, dass das nicht möglich ist, und mir ist klar geworden, warum ich Sibylle kennen lernen durfte und was mein Lernprozess war. Sie war neben meiner Mutter, Rahel und meinem besten Freund Pablo die erste Person, die mir einfach glaubte und sich für meine Wahrnehmungen interessierte. Als ich Sibylles Aura sah, konnte ich sofort erkennen, dass sie auch ein großes mediales Potenzial besaß, auch wenn sie heute noch manchmal daran zweifelt. Ich sagte ihr oft, sie solle ihre Fähigkeit nicht mehr in Frage stellen, denn sie sei ja wirklich vorhanden. Sie solle sich vor Augen halten, was wir alles zusammen erlebt hätten.

Jedenfalls kann ich mich noch gut erinnern, wie ich das erste oder zweite Mal bei Sibylle zu Hause übernachtete. Sie wohnte noch bei ihren Eltern. Ihre Mutter war sehr aufgeschlossen, was das Thema Spiritualität betraf. Ich schlief und wachte plötzlich in der Nacht auf, weil eine Person bei uns im Schlafzimmer war. Ich sah sie mit meinen physischen Augen. Ich sah, wie sie durch die Tür hereinkam und am Bett vorbei zu einem Spiegel ging, unter dem eine Kommode stand. Die Person betrachtete ihr Spiegelbild und ging nach ein paar Minuten wieder hinaus. Mir kam das sehr eigenartig vor, aber ich dachte mir nur: »Puh, schon schräg, da kommen die Familienangehörigen einfach mitten in der Nacht in Sibylles Schlafzimmer und schauen sich im Dunkeln im Spiegel an. Es gibt schon eigenartige Menschen!« Nach kurzer Zeit schlief ich wieder ein. Als ich am Morgen aufwachte, ließ mir das Erlebnis doch keine Ruhe, und ich sagte zu Sibylle: »Du, hör mal, letzte Nacht war jemand in unserem Zimmer und hat sich im Spiegel angeschaut. Kommen deine Eltern oder deine Geschwister immer einfach so mitten in der Nacht in dein Zimmer? Vor allem, wenn du Besuch hast?«

»Nein, nie im Leben. Die würden anklopfen, und ich kann mir wirklich nicht vorstellen, dass jemand bei uns im Zimmer war. Ich werde aber mal fragen.«

Als ich abends mit Sibylle telefonierte, sagte sie, bei uns sei niemand im Zimmer gewesen, wie ich denn darauf käme? Ich verstand die Welt nicht mehr, da ich mir wirklich sicher war, jemanden gesehen zu haben, und ich auch hellwach war und nicht geträumt hatte. Ich dachte mir einfach, dass sich die Person, die im Zimmer war, vielleicht schämte, dass ich sie gesehen hatte, und es nicht zugeben wollte. Dann vergaß ich die ganze Angelegenheit wieder. Ein paar Tage später übernachtete ich wieder bei Sibylle. Auch in dieser Nacht wachte ich wieder auf und sah jemanden ins Zimmer kommen.

»Das kann doch nicht sein! Wollen die mich auf den Arm nehmen?«, wunderte ich mich.

Am nächsten Morgen erzählte ich Sibylle davon, doch sie versicherte mir, es komme bestimmt niemand einfach so ins Zimmer. Als wir aber aufstanden und zur Tür gingen, staunten wir nicht schlecht: Sie stand einen Spalt offen! Wir waren uns ganz sicher, dass wir sie geschlossen hatten.

Ich kann nicht sagen, wie oft ich noch genau dasselbe Erlebnis hatte und wir uns immer wieder gefragt haben, ob jemand hereinkam, und einfach immer wieder ein Nein zu hören bekamen. Irgendwann erwähnte ich die nächtlichen Besuche gar nicht mehr, sondern nahm mir einfach vor, die Person in der Dunkelheit zu erkennen. Das war gar nicht so einfach, denn es war wirklich dunkel und ich hatte auch nicht den Mut, sie einfach anzusprechen, da ich ja noch nicht lange mit Sibylle zusammen war und nicht schon in den ersten Tagen einen schlechten Eindruck hinterlassen wollte.

Eines Nachts wachte ich wieder auf. Langsam setzte ich mich im Bett auf und versuchte, die Person zu erkennen. Ich hatte das Gefühl, dass es eine ältere Dame mit grauen gewellten Haaren war. Das war sehr eigenartig, da in dem Haus keine ältere Dame wohnte. Am nächsten Morgen beim Frühstück fragte ich Sibylle erneut. Ich glaube, sie konnte es schon langsam nicht mehr hören.

»Du siehst ja selbst, dass hier nie eine ältere Dame ist«, sagte sie etwas ungehalten.

Ich gab nicht so schnell auf, denn schließlich wäre ich nicht ich, wenn ich so schnell klein beigeben würde. Später kam Sibylles Mutter in die Küche, und ich fragte auch sie. Aber auch sie sagte, hier wohne keine ältere Dame.

Auf einmal konnte ich aber hellsichtig eine ältere Dame wahrnehmen, die der nächtlichen Besucherin in den Umrissen glich. Ich nahm Kontakt mit ihr auf und fragte, wer sie sei. Ich bekam das Gefühl, dass sie Sibylles Oma war, und fragte diese: »Ist eine Oma von dir in der geistigen Welt? Es müsste die Mutter deines Vaters sein. Sie hatte graue gewellte Haare. Sie war ungefähr 1,66 m groß, sehr streng zu deinem Vater, aber euch Enkel hat sie sehr gern gehabt, auch wenn sie das nicht immer zeigen konnte. Sie zeigte mir eine goldene Halskette mit einem Anhänger. Ich glaube, es ist ein kleines Herz. Sie muss in einem Einfamilienhaus mit Garten gewohnt haben. Ich sehe jetzt auch einen Wintergarten. Und einen Mann, es war ihr Ehemann.« Den beschrieb ich auch noch.

Ich wollte wissen, ob die beiden das verstehen konnten. Sie sahen mich an und die Mutter bestätigte: »Ja, das ist die Mutter von Sibylles Vater, woher weißt du das alles?«

Ich erklärte ihnen, dass die Dame mir das erzählt habe und sie hier bei uns sei. Sie schauten mich beide ein bisschen komisch an, aber dann widersprach die Mutter: »Das mit dem Wintergarten stimmt nicht. Sie hatte damals keinen, aber das Haus wurde verkauft, und jetzt hat es einen. Die Halskette mit dem Herzanhänger hat Sibylle nach ihrem Tod von ihr geschenkt bekommen. Die hat ihrer Großmutter viel bedeutet.«

Ich bat Sibylle, mir den Anhänger zu zeigen. Wir gingen in ihr Zimmer. Sie lief auf den Spiegel zu und dort hing die Kette. Jetzt wurde mir einiges klar! Die Oma kam fast jede Nacht, um nachzusehen, wie es ihrem Lieblingsschmuck ging. Ich versicherte Sibylles Oma, sie brauche sich keine Sorgen um den Schmuck zu machen, da ihre Enkelin gut auf ihn aufpassen werde und sie mit dem Schmuck in der geistigen Welt nichts mehr anfangen könne. Die Oma verstand das, und von dieser Zeit an war Schluss mit den nächtlichen Besuchen.

Mir war unerklärlich, wieso ich nicht vorher darauf gekommen war, dass ich eine Verstorbene gesehen hatte, da das ja schon öfter vorgekommen war. Aber so mitten in der Nacht funktionierte mein Gehirn eben auch nicht hundertprozentig. Ich hatte mit Sibylles Oma später noch viele Male Kontakt. Ich bin ihr dankbar, dass ich an ihr üben durfte, und es machte mir große Freude, sie zu sehen. Auch Sibylle hatte einmal die Gelegenheit, ihre Oma wahrzunehmen.

Leider konnte ich die Botschaft der Oma nie an Sibylles Vater weitergeben, da er zwar wusste, was ich machte, und mich auch akzeptierte, aber nie danach fragte. Und ich bin nicht der Typ Mensch, der den Menschen die Botschaften der geistigen Welt aufdrängt, ohne dass ich darum gebeten werde.

Ich habe mich aber entschlossen, an dieser Stelle ein paar Worte wiederzugeben, die Sibylles Oma an ihren Sohn, Sibylles Vater, gerichtet hat, in der Hoffnung, dass er sie einmal liest oder ihm jemand die Botschaft übermitteln kann. Ich konnte es nicht, weil ich mir damals noch nicht so sicher war und mich manchmal der Mut verließ.

Lieber Leser, die nächsten Sätze sind für dich nicht von großer Bedeutung, aber ich gebe sie trotzdem hier wieder, denn für zwei Seelen dieser Erde sind sie wichtig.

Da wir alle eins sind, danke ich dir für dein Verständnis, dass du mir das Recht dazu gibst.

»Lieber X, Ich weiß, ich habe viele Fehler gemacht, als ich noch in meinem Körper war. Mir ist erst jetzt bewusst, wie du manchmal gelitten hast, weil ich dir nie zeigen konnte, dass ich dich liebte und stolz auf dich war. Ich weiß, dass ich dir immer das Gefühl gab, weniger wert zu sein als andere, doch glaube mir, dies ist nicht so. Ich war einfach eine alte, verbitterte Frau und konnte meine Gefühle nicht zeigen. Es war meine eigene Unzufriedenheit, die mich so handeln ließ. Ich hoffe, du kannst eines Tages erkennen, dass ich dich liebte und immer noch liebe. Ich bitte dich um Verzeihung. Es tut mir auch leid, wie nach meinem Tod alles verlaufen ist. Erbe und so weiter. Du weißt, was ich meine. Ich sah meine Fehler ein, aber ich konnte damals nicht anders handeln oder jedenfalls hatte ich damals das Gefühl, es nicht zu können. Verzeih mir. Deine Mutter.«

Ich hätte die Botschaft gern persönlich übergeben, brachte aber nicht den Mut dazu auf. Ich wusste, dass ich da in tiefen Wunden graben würde, und war mir nicht sicher, wie er und auch ich damit umgehen würden. Sibylles Oma geht es in der geistigen Welt aber sehr gut. Sie hat auch ihren Humor wiedergefunden und freut sich vor allem, dass sie keine körperlichen Beschwerden mehr hat. Am Anfang kam sie sehr oft zu mir und erzählte mir viel über sich und ihre Fehler. Doch gegen Ende kam sie nur noch selten. Ich glaube, sie wusste, dass ich noch nicht so weit war, um auf ihren Sohn zugehen zu können.

Dennoch fand Heilung bei ihr statt, und ich bin überzeugt, dass Sibylle und ihre Mutter ihre Botschaften ab und zu weitergaben.

Spannende Dinge passierten aber nicht nur, wenn ich bei Sibylle übernachtete, sondern auch bei mir zu Hause. Schon seit einiger Zeit fiel mir auf, dass immer dann, wenn ich mich in meinem Zimmer aufhielt, die Heizung abends Geräusche von sich gab. Es war so eine Art leises Klopfen. Anfangs hielt ich es für Luft in den Heizungsrohren und entlüftete daraufhin den Heizkörper. Doch die Geräusche hörten nicht auf. Mir fiel auch auf, dass sie nur abends, kurz bevor ich zu Bett ging, zu hören waren und erst am Morgen, wenn ich wach war, wieder einsetzten. In der Nacht habe ich davon nie etwas mitbekommen, auch wenn ich aufwachte und länger wach lag. Außerdem ging ich immer zu verschiedenen Zeiten ins Bett. Somit konnte es wirklich nichts mit der Heizung zu tun haben, denn da hatte ich alles überprüft. Ich zerbrach mir nicht den Kopf darüber, doch auch Sibylle fielen die Geräusche auf. Noch spannender war: Wenn sie bei mir übernachtete, begann es erst zu klopfen, wenn wir beide wach waren. War nur einer von uns wach, passierte gar nichts. Das fand ich schon lustig. Da ich aber schon oft, sagen wir mal: Eigenartiges und Unerklärliches erlebt hatte, war es mir egal, ob die Heizung ein bisschen klopfte. Mir fiel auch auf, dass ich, wenn ich diese Geräusche hörte, meistens an meinen Vater denken musste und ihn bei dieser Gelegenheit oft hellsichtig wahrnahm.

Sibylle und ich machten uns mit der Zeit einen richtigen Spaß mit der Heizung. Wir sagten dann immer:

»Schau, die Heizung sagt uns gute Nacht!« Am Morgen wünschte sie uns natürlich guten Morgen. Wir dachten uns nichts dabei.

Irgendwann war ich einmal bei meinem Lehrer in einer medialen Sitzung. Dort tauchte auch mein Vater auf. Er ließ sowieso keine Gelegenheit aus, um zu zeigen, dass es ihn noch gab. Mein Lehrer meinte dazu: »Ich nehme etwas Eigenartiges bei deinem Vater wahr, weiß aber nicht, ob er einen Witz macht, da er ja zu Lebzeiten gern mal Witze auf Kosten anderer gemacht hat. Er sagt mir, dass er dir abends über die Heizung gute Nacht sagt und dich am Morgen wieder begrüßt. Kannst du damit etwas anfangen?« Ja, das konnte ich, er wollte dadurch einfach zeigen, dass er noch hier war und in der geistigen Welt weiterlebte. Er wollte mir auch klarmachen, dass er jetzt für mich da war, sich um mich kümmerte und mir bei meiner Entwicklung half. Heute klopft die Heizung nur noch selten, da wir in anderer Weise miteinander in Kontakt stehen, doch wenn ich an ihn denke oder er mir etwas mitteilen möchte und ich es nicht wahrnehme, macht er sich gelegentlich immer noch über die Heizung bemerkbar, und zwar nicht mehr nur bei mir zu Hause, sondern überall, wo ich gerade bin.

Für mich ist es immer wieder eine Freude zu sehen, wieviel Mühe sich die Verstorbenen manchmal geben, um an unserem Leben teilzunehmen. Auch finde ich es spannend, dass der Lernprozess der einzelnen Seelen in der geistigen Welt nicht abgeschlossen ist, sondern sie sich dort weiterentwickeln. Bei meinem Vater konnte und kann ich das sehr gut wahrnehmen. Er ist immer dabei, wenn ich in punkto Medialität etwas Neues lerne. Er kommt auch immer zu meinen Vorträgen oder Seminaren. Zu Lebzeiten hätte er wahrscheinlich nie einen Schritt in Richtung Spiritualität gemacht. Jetzt will er nichts mehr verpassen und lernt gemeinsam mit mir ständig weiter. Es ist für mich einfach wunderbar zu wissen, dass er da ist und mir hilft. Natürlich ist mir bewusst, dass er auch ein »Lernender« ist und nicht alles kann und weiß. Dafür habe ich ja meine Geistführer und Engel.

Etwa zur selben Zeit hatte ich noch ein anderes Erlebnis, das mir gerade in den Sinn kommt. Auch diesmal war Sibylle dabei. Ich war froh, dass sie viele Dinge mitbekam, da ich sonst viele Erlebnisse einfach meiner Fantasie oder dem Zufall zugeschrieben und nicht im Traum daran gedacht hätte, dass sie mit meiner Hellsichtigkeit zu tun hatten.

Wir saßen gegen Abend in ihrem Zimmer, und sie hatte ihr Handy neben sich liegen. Auf einmal begann die Beleuchtung des Displays zu blinken. Ich sagte: »Oh, du hast eine SMS bekommen, dein Handy blinkt.« Doch es kam keine SMS, und es hatte auch niemand angerufen. Wir dachten, dass es wohl Zufall war oder das Handy eine Macke hatte. Doch nach kurzer Zeit begann es wieder zu blinken, wieder ohne ersichtlichen Grund. Diesmal war ich schlauer und versuchte, hellsichtig etwas wahrzunehmen. Ich sah nur Energie, konnte aber nicht feststellen, was es war. Wir machten auch kein großes Aufhebens darum. Dies geschah an verschiedenen Tagen noch mehrmals. Am Handy lag es aber nicht. Es passierte auch nur, wenn wir zusammen waren. Das Handy funktioniert heute, drei Jahre später, noch einwandfrei. Ich habe schon einige Male festgestellt, dass die geistige Welt sehr einfach Einfluss nehmen kann, auch auf elektronische Geräte. Man kann viele spannende Geschichten darüber lesen. Ob alles wirklich stimmt, weiß ich nicht, doch das mit dem Handy habe ich selbst erlebt.

Ab und zu kam es auch vor, dass sich der Fernseher automatisch einschaltete oder die Stereoanlage, die bisher normale Lautstärke hatte, voll aufgedreht wurde. Diese Geräte funktionieren nachher wieder monatelang normal. Ich weiß nicht, ob es da eventuell technische Gründe dafür gibt, ich bin kein Techniker, aber ich glaube es eigentlich nicht. Im Grund sollte man vor solchen Phänomenen keine Angst haben. Ich habe dabei noch nie ein ›böses‹ Wesen gesehen, falls es ›böse‹ Wesen überhaupt gibt! Ich glaube, die geistige Welt möchte sich einfach bemerkbar machen. Es gibt auch noch andere Gründe dafür, die mit der eigenen Energie von Personen zu tun haben.

Gute Geister, böse Geister

Nachdem letzten Kapitel möchte ich nun doch etwas mehr auf gute und böse Geister oder Wesenheiten eingehen. Denn im Grunde gibt es, so wie ich es heute sehe, keine bösen Geister. Doch auch ich habe am Anfang daran geglaubt und möchte euch, liebe Leser, erklären, warum das heute nicht mehr so ist. Vorher muss ich aber noch etwas erklären, damit ihr die nächsten Zeilen auch versteht. Ich habe ja seit meiner Kindheit immer ein Geistwesen an meiner Seite, das sich Zoey nennt. Später lernte ich meinen Geistführer, den ›großen Bären‹ kennen. Das meiste, worüber ich in diesem Kapitel schreiben werde, stammt von meinem Geistführer, dem großen Bären, und nicht von Zoey.

Ich war zu Hause und sah fern, als es plötzlich an der Tür klingelte und Sibylle hereinkam. Ich freute mich riesig, sie so unerwartet zu sehen, aber Sibylle war ganz aufgebracht und fragte: »Du, gibt es böse Geister? Meine Arbeitskollegin kann nicht mehr schlafen und sagt, sie werde von bösen Geistern belästigt und sei von einer anderen Frau mit schwarzer Magie verzaubert worden. Ich habe Angst, gibt es das? Sag schon!« Sie war ganz bleich im Gesicht, denn sie machte sich wirklich große Sorgen um ihre Arbeitskollegin. Ich war in Gedanken noch bei dem Fernsehfilm und bat Sibylle daher zunächst, erst einmal hereinzukommen und sich hinzusetzen.

Dann versuchte ich zu erklären: »Weißt du, so kann man das nicht sagen. Früher glaubte ich auch einmal, dass es böse Geister gibt. Du hast ja mein erstes Buch gelesen, und dort habe ich auch von bösen Geistern geschrieben. Heute weiß ich, dass das nicht stimmt. Zugegeben, hier widerspreche ich mir, aber nur ein Narr bleibt immer bei derselben Ansicht. Ich habe einfach in der Zwischenzeit gemerkt, dass es, soweit ich ›sehen‹ und beurteilen kann, keine bösen Geister und Besetzungen gibt. Wir leben wohl in einer Polarität, und wo es Licht gibt, gibt es auch Schatten, doch es ist immer Ansichtssache, ob du den Schatten siehst oder nicht. Wenn du abends am Fenster stehst und zum Himmel schaust, siehst du die Sterne, aber du brauchst die Dunkelheit, damit du die Sterne sehen kannst. Verstehst du, was ich meine? Ist die Dunkelheit nun gut oder böse? Ist die Sonne besser oder der Regen? Es kommt darauf an, wo du gerade bist! Bist du durstig oder in der Wüste, ist wohl der Regen besser! Man kann nicht sagen, was besser ist.

Es gibt viele Hellseher, die von Besetzungen und bösen Geistern erzählen, aber ich denke, oft tun sie es nur, um den Menschen Geld aus der Tasche zu ziehen. Denn Angst ist ein gutes Druckmittel. Oder sie wissen es einfach nicht besser, sie sind zu schlecht ausgebildet oder haben sich einfach nie wirklich Gedanken darüber gemacht. Sie achten nicht auf das, was Realität ist, sondern lesen und glauben einfach, was in einem Buch steht. Ich kenne kein Medium und keinen Hellseher, der wirklich gut ist und seriös arbeitet und behauptet, schon einmal eine richtige Besetzung oder böse Geister gesehen zu haben. Das heißt aber nicht, dass ich es wirklich hundertprozentig ausschließen kann, verstehst du? Ich kann dir nur sagen, was ich erlebt habe. Mir ist schon aufgefallen, dass fast alle, die ›besetzt‹ sind oder unter einem bösen Geist zu leiden haben, meist einsam und depressiv sind oder einfach ein sehr schwieriges Leben haben.

Es gibt ein Resonanzgesetz in unserer Welt. Wenn es dir schlecht geht, erschaffst du sogenannte Elementarwesen. Das sind Energien, die der Gedankenkraft entspringen. Du kannst positive Elementarwesen schaffen, zum Beispiel beim Geistheilen, aber natürlich auch negative. Wenn du ständig negativ denkst, können keine positiven Elementarwesen entstehen. Du ziehst das an, was zu dir passt. Wenn ein Mensch seine Aura mit negativen Gedanken umgibt, hat auch der Geistführer oder Schutzengel keinen guten Zugang mehr zu ihm. Deshalb können wir die Liebe und die schönen Gefühle aus der geistigen Welt nicht mehr so gut wahrnehmen und fühlen uns vielleicht einsam und verlassen. Das bedeutet aber nicht, dass der Schutzengel verschwunden ist oder du eine Besetzung hast, sondern es heißt einfach, dass du im Moment die guten Schwingungen nicht wahrnehmen kannst. Deswegen ist es meiner Meinung nach auch sehr wichtig, welche Gedanken man pflegt und dass man versucht, seine Umgebung ›sauber‹ zu halten. Wir müssen unseren Geist mit Meditation reinigen und versuchen, allen Menschen zu vergeben, bei denen wir das Gefühl haben, sie führen Böses gegen uns im Schild. Jeder Feind ist ein Spiegel. Ein Feind zeigt uns nur, was wir noch nicht können oder woran wir noch arbeiten sollten.

Nur bei Menschen, denen es psychisch nicht gut ging, habe ich sogenannte ›böse‹ Geister gesehen. Wenn sie dann noch daran glauben, kann ein Elementarwesen auch das Aussehen eines Geistwesens annehmen, da es ja nichts anderes als Gedankenkraft ist. Daher kann ich auch verstehen, dass es Hellseher gibt, die negative Geistwesen wahrnehmen. Sie können einfach nicht zwischen ›richtigen‹ geistigen Wesen und Elementarwesen unterscheiden. Als ich mit meiner Medialität in eine Krise geriet und Angst vor bösen Geistern hatte, nahm ich auch überall böse Geister wahr. Aber nicht etwa, weil es sie gibt, sondern weil ich einen Grund suchte, weshalb mir dieses oder jenes nicht gelang.«

Ich bin der Ansicht, dass es einfach eine unbewusste Ausrede von Menschen ist, die nicht gewillt sind, an sich zu arbeiten, ihre Gedanken zu reinigen und jeden Tag in sich zu gehen und ihrem eigenen Schatten ins Gesicht zu schauen. Da glauben wir lieber an böse Geister, Besessenheit und schwarze Magie. Ist ja auch viel einfacher, dann müssen wir nämlich nicht an uns arbeiten, denn wenn es uns schlecht geht, sind ja die anderen daran schuld. Lieber schiebt einer seine schlecht funktionierende Ehe auf die böse Schwiegermutter, die schwarze Magie praktiziert, als sich um seinen Partner zu kümmern. Lieber hat man als heimliche Geliebte eine Schwarzmagierin, statt einzusehen, dass man einfach die Liebe in seiner Partnerschaft vernachlässigt hat.

Jetzt werden viele sagen, ich liebe meinen Partner doch! Ja, das mag schon sein. Das will ich nicht beurteilen, aber liebst du dich selbst? Wir müssen bei uns bleiben, uns selbst lieben, an uns selbst arbeiten, uns reinigen und nicht immer tausend Ausreden erfinden, warum in unserem Leben etwas nicht funktioniert.

Wenn man sich selbst nicht liebt, wie kann man dann von einem Partner geliebt werden? Wenn ich selbst nur immer alles negativ sehe und nicht an mich glaube, wie soll mich da meine Partnerin positiv sehen und an mich glauben? Ich habe das selbst auch lange gemacht, bis ich eingesehen habe, dass es nichts bringt und ich mir meine Realität selbst erschaffe. In meiner Resonanz gibt es keine bösen Geister und auch keine Besetzungen, daran arbeite ich jeden Tag. Ich glaube nicht, dass es so etwas gibt, ich glaube auch nicht, dass die Engel nur lieb sind. Bestimmt wollen sie nur das Beste, aber ob wir das von unserer beschränkten Warte aus auch für das Beste halten, bezweifle ich. Ich weiß, dass auch Engel und Gott uns große Berge und Steine in den Weg rollen. Jetzt kann ich alles und jeden dafür verurteilen, jetzt kann ich meinem Nachbarn die Schuld geben, der schwarze Magie praktiziert, oder einem bösen Geistwesen oder Gott die Schuld daran geben, weil er mir nicht so hilft, wie ich es mir wünsche, oder ich kann erkennen, dass ich mich selbst an der Nase fassen und an mir arbeiten muss.

Wenn ich das erkenne, dann – und erst dann – kann ich sagen, dass alles, was geschieht, gut ist und dass ich in allem ›Negativen‹ die Liebe Gottes sehen kann. Erst wenn ich dies als meine Aufgabe und meinen Lernprozess erkannt habe, sehe ich die Liebe jedes Menschen, jedes Geistwesens, jedes Engels und die Liebe Gottes. Doch ich muss bei mir bleiben, ehrlich sein und an mir arbeiten, und das nicht nur zehn Minuten pro Woche, sondern jeden Tag. Nur wir selbst können uns eine Hölle erschaffen! So denke ich heute darüber, aber ich kann es auch heute noch nicht abschließend beurteilen.

»Sieh dir deine Arbeitskollegin einfach mal an. Ich vermute, sie hat einige Probleme, ist deprimiert und fühlt sich einsam, und das ist wohl der wahre Grund.«

Sibylle überlegte einen Augenblick: »Ja, das leuchtet mir ein. Es trifft auf meine Arbeitskollegin auch zu, aber machst du es dir nicht ein bisschen zu einfach?«

»Ich glaube nicht. Wer sagt denn, dass das Leben schwer ist? Nur du selbst kannst das sagen! Ich glaube, das Leben ist im Grunde gar nicht so schwer, aber wir haben immer das Gefühl, die Lösungen müssten schwierig sein, damit sie wirksam sind. Ich denke aber auch, dass es im Grund doch schwer genug ist, immer die Liebe zu sich selbst und dann auch noch zu allen Mitmenschen zu fühlen. Oder nicht?«

Sibylle musste lachen. »Ja, ich glaube, das ist sehr schwer, aber es lohnt sich, es zu tun. Gibt es deiner Meinung nach denn einen Teufel?«

Ich lachte und sagte: »Ja, sicher gibt es den!«

Sibylle sah mich erschrocken an: »Du sagst, es gibt keine wirklich bösen Geister, aber es gibt dafür den Teufel?«

»Ja, den gibt es, aber wer sagt denn, dass der Teufel wirklich böse ist? Ich nicht! Luzifer heißt ja übersetzt ›Lichtträger‹.

»Ach ja?«, sagte Sibylle. »Jetzt spinnst du wohl total!«

»Kann gut sein«, erwiderte ich, »aber ich glaube, ein Spinner zu sein, ist nicht das Schlechteste. Damit du Gott oder das Licht erkennen kannst, brauchst du die Dunkelheit. Das ist wie beim Sternenhimmel, du siehst die Sterne nur, wenn es dunkel ist.«

»Du wiederholst dich.«

»Ja, ich weiß. Also ich glaube, Luzifer ist kein gefallener Engel, sondern er hat sich entschieden, aus Liebe zu Gott sein ›Gegenspieler‹ zu sein, aber nicht, weil er Gott nicht liebt, sondern weil er ihn liebt. Denn ohne die Versuchungen, ohne das Leid könnten wir das Paradies und damit auch Gott und uns selbst nicht erkennen. Nur ihm ist es zu verdanken, dass wir das Glück und die Liebe erfahren können. Luzifer ist ein Freund und kein Feind, er zeigt uns, wann wir vom Weg abgekommen sind. Verstehst du? Weißt du, ein Satanist sieht das bestimmt nicht so, aber er glaubt an den Teufel und tut alles dafür, um Gottes Existenz zu verleugnen. Doch das wird ihm nie gelingen. Satanisten kämpfen mit aller Macht gegen Gott und sehen nicht, dass sie Gottes Existenz damit ja erst bestätigen. Du kannst nicht für das Böse sein, ohne zu wissen, dass es das Gute gibt. Du kannst nur gegen etwas kämpfen, wenn du weißt, dass es einen Gegenpol dazu gibt. Leider kämpfen auch viele Menschen gegen Luzifer und bestärken somit auch das Dunkle und nicht Gott. Luzifer ist nicht gegen Gott, sondern er bestätigt Gott, und ich glaube, ein Engel wie Luzifer ist intelligent genug, um zu wissen, dass er für Gott arbeitet und nicht gegen Gott. Denn jeder, der Gott verleugnet, kann ihn nur verleugnen, weil er weiß, dass es ihn gibt. Du kannst nicht etwas verleugnen, von dem du nicht weißt, ob es existiert. Ich verleugne ja auch nicht die Dunkelheit, aber ich kann sie mir zum Freund machen oder gegen sie ankämpfen, aber damit würde ich wie ein Satanist der Dunkelheit nur mehr Macht geben.

Wenn ich erkenne, was ein Problem oder was die Dunkelheit mir zeigen möchte, finde ich wieder zum Licht, indem ich mich ändere und an mir weiterarbeite. Somit ist der Teufel ein guter Ratgeber, wenn man erkennt, was er zeigen möchte, um wieder den Weg zu Gott zu finden. Das ist nur meine persönliche Meinung, ich weiß nicht, ob es stimmt, aber der Wahrheit ist es egal, ob ich recht habe oder nicht. Ich bin ja, wie du sagst, nur ein Spinner. Doch die Menschen haben früher auch geglaubt, die Erde sei eine Scheibe, bis ein Spinner sagte, sie sei rund. Der Arme musste aufpassen, dass er nicht deswegen auf dem Scheiterhaufen landete. Doch der Wahrheit war es egal, was die Menschen glaubten. Die Erde war trotzdem rund, und heute wissen wir, dass der Spinner recht hatte.«

»Gibt es eigentlich etwas, worauf du keine Antwort hast?«, wollte Sibylle wissen und lachte.

»Oh ja, auf ganz viele Dinge, ich sage ja auch nicht, dass meine Worte für alle Menschen stimmen, sondern spreche nur über meine persönliche Wahrheit. Jeder muss für sich selbst seine Wahrheit finden.«

»Sei still und gib mir lieber einen Kuss!«, forderte Sibylle. »Ich habe echt einen total durchgeknallten Freund, aber ich bin froh, dass es solche Spinner wie dich gibt!«

Natürlich habe ich nicht immer so gedacht, und natürlich passiert es auch mir immer wieder, dass ich mich von Wut oder negativen Gedanken beeinflussen lasse. Einmal tappte ich selbst in die Falle des Urteilens und Bewertens. Ich sah mir die Nachrichten im Fernsehen an, obwohl ich genau wusste, dass diese Informationen nicht gerade gut sind, da in den Nachrichten fast nur Negatives berichtet wird. Es kam wieder einmal ein Bericht über den Irakkrieg, und ich ärgerte mich über Präsident Bush. Ich ärgerte mich auch darüber, dass er immer die Bibel und Gott zitierte, aber seine Gegner waren nicht besser. Im Auftrag von Gott Menschen zu töten, ist sicher nicht das Richtige.

Doch plötzlich hörte ich den großen Bären, meinen neuen Geistführer, zu mir sagen: »Sei nicht gegen den Krieg, sondern für den Frieden!« »Was?«, fragte ich zurück, »natürlich bin ich gegen den Krieg!«

»Oh«, meinte mein Geistführer, »das ist aber nicht gut! Erinnere dich, wie du Sibylle deine Meinung über Luzifer gesagt hast! Sieh in Bush doch einfach einen Luzifer, der Gott hilft, Frieden auf der Welt zu erreichen!«

»Lieber Bär, das kann man ja jetzt wirklich nicht vergleichen, dieser Bush ist ja nicht mal halb so intelligent wie der Teufel. Der ist noch schlimmer und dümmer als alles, was ich auf der Welt kenne.« – »Junge, Junge«, meinte der große Bär, »wie kannst du so urteilen? Du hast ja aus menschlicher Sicht vielleicht recht, aber schau, du bist nicht besser als sie. Du bist ein Friedenskämpfer! Das ist genau so dumm! Das machen ja auch die Gegner von Bush, sie nennen sich Friedenskämpfer, und kämpfen mit Terror auf ihre Art für den Frieden. Sei nie gegen Krieg! Sei für den Frieden! Wenn du dagegen kämpfst, bestärkst du ja nur den Krieg. Hast du selbst so gesagt.

Finde den Frieden in dir, so findest du den Frieden auf der Welt. Sei für etwas und nicht gegen etwas. Alle Menschen, die Krieg führen, haben den größten Krieg im Herzen. Nur so gibt es Krieg. Wenn du ein reines Herz hast, wirst du nie in einen Krieg verwickelt werden.«

»Wer die Liebe in sich hat und stirbt, der wird immer die Liebe in sich haben. Bitte verzeih mir, dass ich so unreif denke«, sagte ich. »Ich verzeihe nie!«, sagte der große Bär. »Denn wenn ich dir verzeihen soll, dann müsste ich dich vorher verurteilt haben, und das habe ich nicht. Ich brauche nicht zu verzeihen, da ich nicht mehr verurteile. Doch verzeihe du, sobald du merkst, dass du verurteilst. Mein Freund, du darfst Fehler machen, du bist hier, um zu lernen, aber lerne aus deinen Fehlern und mache sie kein zweites Mal. Es ist besser 1000 Fehler zu machen und daraus zu lernen, als das Gefühl zu haben, keine Fehler zu machen oder dir deine Fehler nicht einzugestehen. Das ist viel schlimmer.

Es gehört viel mehr Mut dazu, sich seinen Fehlern zu stellen. Es ist vieleicht das bessere Gefühl, so zu tun, als mache man keine Fehler, oder seinen Fehlern nicht ins Gesicht zu schauen. Viele Menschen sind gegen etwas, aber sie machen keine Vorschläge, wie man es ändern könnte, oder sie machen Vorschläge und leben selbst nicht danach. Nehmen wir zum Beispiel die fleischlose Ernährung. Dass Fleischessen Mord ist, darüber müssen wir nicht diskutieren. Ob es jetzt gut oder schlecht ist, darüber müssen wir auch nicht urteilen, das muss jeder für sich herausfinden. Doch es gibt viele Menschen, die sagen, dass es nichts bringt, mit dem Fleischessen aufzuhören, da sie ja eh nichts ändern können. Schau mal, wie es bei dir war! Du hast aufgehört, und somit isst auch deine Familie weniger Fleisch, aus Rücksicht dir gegenüber verzichten sie sogar meistens darauf. Wenn du eingeladen wirst, wird nie Fleisch gekocht.

Überlege mal, wie viele Menschen kein oder nur noch selten Fleisch essen, weil du kein Fleisch mehr isst. Wie vielen du es einfach nur erzählt hast, warum du kein Fleisch isst, als sie dich danach gefragt haben, und dass einige seitdem auch kein Fleisch mehr essen. Du hast es richtig gemacht, du wolltest nie missionieren oder andere davon überzeugen, dass es gut ist, kein Fleisch zu essen. Du hast nie gegen Fleischesser gekämpft. Auch wenn nur du kein Fleisch mehr essen würdest, werden dadurch in deinem ganzen Leben bestimmt weniger Tiere getötet. Vielleicht macht ein Mensch nur ein Tier in seinem ganzen Leben aus, aber diesem Tier hast du das Leben geschenkt. Lebe somit in Frieden und verschwende nicht deine Energie, um gegen den Krieg zu kämpfen. Gegen etwas zu sein ist leicht, für etwas zu sein ist schwer und erfordert Arbeit. Schließe lieber Frieden mit den Kriegen in dir drinnen, wenn jeder Mensch dies tun würde, dann könnte es keinen Krieg mehr in der Welt geben. Das Außen ist immer nur ein Spiegel von dem, was in den Menschen innen ist.« – »Danke, mein großer Bär, danke, dass du mir immer wieder hilfst, Situationen zu verstehen, und mich auch für meine Fehler nie verurteilst.«

Ich schaltete den Fernseher ab und ging in mein Schlafzimmer, um nochmals über die Worte von meinem Geistführer nachzudenken. Ich fand, dass der große Bär recht hatte und das alles auf dieser Welt einen Grund hat.

Lieber Leser, mache jetzt eine kurze Pause und schicke einem anderen Menschen, den du heute noch nicht lieben kannst, ein bisschen Licht und Liebe.

Ich erinnere mich noch daran, wie ich es schaffte, den Militärdienst zu verweigern. Ich ging nicht einmal in die Rekrutenschule. Es war nicht leicht, sich vom Militärdienst befreien zu lassen, aber ich tat alles dafür. Wo ein Wille ist, ist auch ein Weg. In jeder Situation. Für die ›Aushebung‹ mussten sich alle mit demselben Jahrgang der Prüfung des Militärs stellen. Ich hatte keinen Bock auf Militärdienst, es ging mir nicht in den Kopf, warum ich lernen sollte, eine Waffe auf Menschen zu richten, warum ich mich von Menschen anschreien lassen sollte. So beschloss ich, alles zu tun, um ausgemustert zu werden. Doch das war gar nicht so leicht. Ich habe mir lange überlegt, ob ich darüber überhaupt schreiben soll, doch warum nicht? Ich habe keine Angst vor den Konsequenzen, ich möchte aber dazu sagen, dass es bestimmt auch sinnvolle militärische Einsätze gibt, etwa Rettungseinsätze oder Hilfe bei Naturkatastrophen. Bei der Aushebung musste man zuerst einen Intelligenztest machen. Das war echt lustig, da musste man zum Beispiel aus drei verschiedenen Worten eines auswählen, das zu einem anderen Wort gehört. Beispiel das Wort ›Last‹, die drei Worte waren dann Gewicht, Lastwagen und Brücke. Na, welches Wort ist wohl das richtige? Okey, wie gesagt, ich wollte keinen Dienst machen und kreuzte das Wort ›Lastwagen‹ an. Ich gebe es heute zu, ich war wirklich ohne Probleme durch den Test gefallen. Beim Sport habe ich dann einen Schwächeanfall vorgetäuscht, ziemlich überzeugend, naja, vier Jahre Schauspielschule zahlen sich eben aus. Dann dachte ich: »Hey, die wollen mich bestimmt nicht, was wollen die mit einem dummen Weichei.« Ich musste zum Offizier, der bestimmen sollte, in welche Einheit ich eingeteilt werden würde. Ich hatte auf den Wunschzettel geschrieben, dass ich Grenadier werden will, dass ist die härteste Einheit in der Schweiz, natürlich kann man dort keine Weicheier gebrauchen. Der Mann meinte: »Es tut uns leid, dafür sind Sie nicht geeignet.« Mir kamen die Tränen, schließlich war es doch mein Traum! Der Offizier schaute ziemlich irritiert aus seinem Kampfanzug, als ich so tat, als würde eine Welt zusammenbrechen. »Dann will ich halt zu den Sanitätern, Menschen helfen.« Doch der Offizier meinte: »Tut uns leid, dafür fehlt ihnen der IQ.« Ich war sicher, dass ich jetzt den Untauglich-Stempel bekommen würde. Er meinte dann noch: »Sie sind ja zurzeit noch in der Ausbildung, haben Sie Unterlagen da, damit wir sehen können, ob Sie vielleicht doch einen IQ besitzen.« Ich meinte dann: »Es tut mir leid, auf der Schule, auf der ich bin, gibt es keine Zeugnisse oder Noten, und von einem IQ habe ich auch noch nichts gehört, wer ist das?« Der Offizier nahm es gelassen und meinte: »Geben Sie doch einfach ihre Schulbestätigung ab.« Jetzt kam der Fehler, ich gab meine Schulbestätigung ab, auf der ganz groß stand: Freiburger Schauspielschule. Der Offizier las das, bekam einen merkwürdigen roten Kopf und fing an zu schreien: »Wollen Sie uns hier eigentlich verarschen! Sie machen Militärdienst und zwar als Füsilier! Raus hier!«

Ich wusste nicht, was ich machen sollte, Kriegsdienst wollte ich auf keinen Fall machen, und ich begann zu überlegen.

Da kam mir die Idee, mithilfe eines Psychiaters vom Dienst befreit zu werden. Ich meldete mich bei einem Psychiater an. Das war ganz nett, und mein Vorteil war auch, dass ich seine Aura sah und so immer schauen konnte, welche Geschichten der Psychiater mir glaubte und welche ich besser nicht vertiefen sollte. Ich erzählte, dass ich Schlafstörungen und Probleme mit Autoritäten hätte und sehr feinfühlig sei. Dann fragte der Psychiater, ob ich auch ab und zu ins Bett mache. Liebe Leser, das ist kein Witz. Mir begann die ganze Sache Spaß zu machen, und ich meinte: »Ja, ab und zu, aber nur, wenn ich zu sehr gestresst bin.« Ich weiß bis heute noch nicht, ob dieser Psychiater ein Engel war oder einfach der bessere Schauspieler, jedenfalls tat er mir nachher richtig leid. Der gute Mann gab sich so viel Mühe, und ich habe ihn einfach in vielen Dingen angelogen, oder hat der Psychiater mich einfach glauben lassen, dass er mir glaubt? Ich weiß es nicht. Doch falls Sie, lieber Herr Doktor, dieses Buch lesen, es tut mir leid, aber ich tat es für eine gute Sache und bin Ihnen dankbar! Doch so einfach war es dann doch nicht. Ich muste ein halbes Jahr warten, dann bekam ich einen Brief und musste zum Militärpsychiater. Das ist nicht wirklich ein gutes Zeichen. Doch ich schlief einfach ein bisschen wenig, was nicht gerade mein Aussehen förderte, und dann ging ich hin. Ich erzählte ihm alles, was er wissen wollte. Natürlich auch, dass ich spirituell wäre und es daher nicht mit meinem Glauben vereinbaren könne, auf Menschen zu zielen. Ich erzählte von Nächstenliebe und von meinen Problemen. Ich glaube, vor allem mein 15-minütiger Vortrag über Gott und die Nächstenliebe hat ihn überzeugt. Ich glaube, dieser Psychiater hatte einfach Angst, wenn ich Dienst mache, dass ich ihn während des Dienstes wieder aufsuchen würde. Er entließ mich, und ich wurde ein für alle Mal aus dem Militärdienst entlassen. Jedenfalls bis heute! Vielleicht ist es dumm von mir, in diesem Buch darüber zu schreiben, es könnte ja sein, dass es jemand liest und veranlasst, dass ich doch noch meinen Dienst machen muss.

Liebe Herren Offiziere, überlegt es euch genau! Ich sehe tote Menschen und kann mit Geistführern sprechen und sehe auch in die Zukunft. Das ist nicht wirklich gut für Sie. Ich bin doch nur ein Spinner! Die Erde ist ja auch eine Scheibe! Sie hätten nichts davon, wenn Sie mich nehmen würden!

Es gibt immer einen Weg, etwas nicht zu tun. Manchmal macht man sich dafür lächerlich, manchmal hat es vielleicht Konsequenzen, doch besser ist es, ins Bett zu pinkeln, als Menschen zu töten. Das wäre mein nächster Versuch gewesen. Hätte ich Soldat werden müssen, hätte ich jeden Tag ins Bett gepinkelt.

Der große Bär

Meinen Geistführer habe ich bereits erwähnt, aber jetzt möchte ich ihn euch genauer vorstellen und berichten, wie ich ihn kennen lernte und wie unsere Zusammenarbeit begann. Vorab aber noch etwas über mein Verhältnis zu Geistführern.

Es gibt in der geistigen Welt verschiedene Wesen. Auch gehen die Meinungen, wie es dort eigentlich zugeht, weit auseinander. Über dieses Thema wurden schon zig Bücher geschrieben. Ein paar sind gut, ein paar sind meiner Meinung nach einfach überflüssig. So wie ich es wahrnehme, gibt es zum einen die Verstorbenen, deren Bewusstsein nicht höher ist als damals auf der Erde, als sie noch in einem Körper lebten. Dennoch existieren sie und sind ein wichtiger Bestandteil der geistigen Welt. Es ist wunderbar, wenn man nach dem Tod eines Angehörigen noch Kontakt zu ihm hat oder für andere Menschen einen Kontakt zu einem verstorbenen Familienmitglied herstellen darf.

Daneben gibt es noch die geistigen Helfer. Das sind auch Verstorbene, doch sie halten sich beispielsweise häufig bei lebenden Personen auf und unterstützen sie. Für mich ist mein Vater ein geistiger Helfer. Auch sein Bewusstsein ist in der geistigen Welt nicht höher, als es auf der Erde war. Doch er ist ständig bei mir und achtet darauf, dass es mir gut geht – so wie eben ein Vater auf seinen Sohn aufpasst. Andere Verstorbene schauen nur ab und zu einmal vorbei, nehmen an meinem Leben aber nicht wirklich ›aktiv‹ teil. Deswegen unterscheide ich zwischen Verstorbenen und geistigen Helfern.

Weiterhin gibt es die Geistführer. Ein Geistführer ist ein sehr hoch entwickeltes Wesen, das meistens auch schon als Mensch oder als Wesen inkarniert war. Deshalb weiß es ganz genau, wie es ist, als Mensch in einem Körper zu leben. Es kennt unsere Probleme und unsere menschlichen Wünsche. Je höher mein Bewusstsein, desto höher ist auch das Bewusstsein des Geistführers. Geistführer können auch wechseln, oder man kann mehrere Geistführer haben. Ich habe derzeit – am 29. Juni 2006 – vier Geistführer, die ich kenne und mit denen ich bewusst zusammenarbeite. Mein wichtigster Geistführer ist zurzeit der große Bär.

Engel und Schutzengel haben meiner Meinung nach dieselbe Funktion wie die Geistführer. Wollte man eine Wertung abgeben, dann stehen sie vielleicht ein bisschen höher als diese. Sie bringen einfach eine andere Essenz mit. Sie waren nie inkarniert und können uns bei irdischen Dingen nicht so gut helfen. Ihre Aufgabe ist es vor allem, die Liebe und unser spirituelles Bewusstsein zu entwickeln. Diese Aufgabe haben zwar auch die Geistführer, aber sie geben uns eher praktische Ratschläge, zum Beispiel wie ich meine Hellsichtigkeit fördern kann. Ich hoffe, ich konnte den Unterschied deutlich machen.

Über Zoey habe ich ja schon berichtet. Ich weiß nicht genau, ob er ein Geistführer oder mein Schutzengel ist. Diese Frage habe ich ihm zwar oft gestellt, aber auch er unterscheidet nicht. Also habe ich es aufgegeben, diesen Sachverhalt mit dem Verstand begreifen zu wollen. Ich betrachte ihn jetzt als meinen ›Schutzengel‹, da er immer da ist, seit ich die ›andere‹ Welt bewusst wahrnehmen kann. Da er aber an der medialen Entwicklung nie wirklich aktiv beteiligt ist, würde ich ihn eben als Engel bezeichnen.

Ich glaube, auch die aufgestiegenen Meister, von denen man immer wieder hört, gehören in die Kategorie Geistführer. Ich bin mir da aber nicht sicher, da ich nur wenige dieser Meister kennen gelernt habe. Ich weiß auch nicht, ob sie wirklich alle so existieren, wie man in den Büchern liest. Doch das muss jeder für sich herausfinden.

Ich rede hier von Kategorien und Stufen, möchte aber betonen, dass eine Einteilung gar nicht möglich ist, weil die Grenzen fließend sind. Außerdem sollten wir aufhören, alles in eine Schublade zu stecken und zu unterteilen. Aber das mache ich nur für unser tolles Organ, das Gehirn, das immer alles verstehen will. Auch glaube ich weder an die sieben Stufen im Jenseits, von denen man immer wieder liest und hört, noch an die Dimensionen, die es dort geben soll. Meiner Meinung nach wird uns die geistige Welt nur deshalb so strukturiert übermittelt, damit unser Gehirn besser verstehen kann, was im Jenseits geschieht. Diese Dimensionen und Stufen wurden für uns erdacht, es gibt sie nicht wirklich.

So, aber jetzt will ich euch von meinem Freund und Geistführer, dem großen Bären, erzählen. Im April 2004 brauchte ich einfach mal Abstand von meinem Alltag.

Doch wie es der ›Zufall‹ wollte, hatte ich gerade eine intensive Woche an der medialen Schule hinter mir, die ich seit längerer Zeit besuchte. Ich fuhr also für eine Woche in die Berge und durfte meine ganze Energie für mich selbst nutzen. Ich hatte mir vorgenommen, in dieser Woche mein geistiges Team kennen zu lernen. Damals hatte ich zwar schon Kontakt zu Wesenheiten in der geistigen Welt, aber ich konnte sie nicht immer genau unterscheiden. Ich konnte auch nicht immer mit Bestimmtheit sagen, wer zu mir gehörte. Ungefähr am dritten Tag der Ausbildungswoche, als ich gerade für die geistige Welt saß – Sitzen ist so ähnlich wie Meditieren, aber man konzentriert sich nicht auf sich selbst, sondern auf die geistige Welt –, nahm ich auf einmal einen Indianer wahr und wusste instinktiv, dass dies einer meiner Geistführer war, den ich noch nicht kannte. Ich sah auch noch eine Kräuterfrau namens Nada aus dem Osten und einen Afrikaner. Doch der Indianer war ganz stark und intensiv zu spüren. Jedenfalls fühlte ich mich sehr stark zu ihm hingezogen und fragte ihn nach seinem Namen. Er gab mir zu verstehen, dass er der ›große Bär‹ und ich der ›kleine Bär‹ sei. Es ging eine so wundervolle Energie von diesem ›großen Bären‹ aus, dass ich noch stundenlang für die geistige Welt hätte sitzen können. Ich weiß noch, wie intensiv die Energie damals war, ich konnte sie mit meinen physischen Ohren hören. Es klang, als würden mich Hunderte von Libellen umschwirren. Bis heute konnte ich die Energie leider nie mehr so hören und fühlen wie damals. Mein ganzer Körper hatte stark vibriert. Doch Gyan, die Lehrerin aus England, holte alle Kursteilnehmer zurück. Ich war richtig aufgeregt und wünschte mir schon den nächsten Tag herbei, um wieder für die geistige Welt sitzen zu können.

Endlich war es so weit: Am folgenden Tag um 14 Uhr fand wieder eine Sitzung statt. Ich saß schon 15 Minuten vorher im Raum und wartete, bis alle Kursteilnehmer bereit waren. Gyan lächelte mir zu und fragte: »Bist du nervös, mein Junge?«

»Und wie«, platzte ich heraus.

Punkt 14 Uhr begannen alle, für die geistige Welt zu sitzen, und es dauerte nicht lange, bis mein neuer Geistführer, der große Bär, vor mir erschien. Er hatte noch ein paar ›Freunde‹ von seinem Indianerstamm mitgebracht, und sie führten einen indianischen Tanz um mich herum auf. Ich fand das sehr eigenartig, ja ich fand es sogar sehr spirituell. Doch auf einmal spürte ich eine heilende Energie, vor allem in meinem linken Knie. Dort habe ich zwei Narben, eine Erinnerung an einen Unfall vor zehn Jahren, die mir noch heute Beschwerden verursachen. Nach einiger Zeit trat der große Bär vor mich und zeigte mir ein Bild von zwei Männern, die miteinander kämpften. Einer der beiden stand hinter dem anderen und umarmte ihn. Derjenige, der umklammert wurde, wehrte sich wie wild dagegen. Es war ein heftiger Kampf, und ich verstand zunächst nicht, warum mir der große Bär so etwas zeigte. Aber dann fragte er:

»Was macht der Mann, der umklammert wird, falsch?«

»Keine Ahnung. Das weiß ich wirklich nicht.«

»Sieh genau hin«, forderte der große Bär mich auf.

Daraufhin betrachtete ich mir die Szene genauer,

konnte aber nicht verstehen, was der Mann falsch machte. Ich stellte mir vor, dass auch ich wild um mich schlagen würde, wenn man mich so von hinten umklammerte.

Auf einmal beruhigte sich die Szene. Der Mann, der um sich schlug, wehrte sich nicht mehr. Auf einmal war es kein Kampf mehr, sondern eine sehr liebevolle Umarmung. Die Bilder hatten von ihrem Schrecken verloren und strahlten auf einmal eine große Liebe aus. Nun machte sich mein indianischer Geistführer wieder bemerkbar:

»Nun, mein kleiner Bär, hast du verstanden?«

»Nein, nicht wirklich.«

Der große Bär musste lachen: »Wenigstens bist du ehrlich. Sieh mal, die Menschen kämpfen und prügeln sich manchmal und streiten miteinander. Sie denken schlecht über sich und andere und wehren sich gegen jedes kleine Problem. Alles und jede Kleinigkeit halten sie für einen Feind. Doch wenn sie still werden und die Probleme oder den Feind in Ruhe anschauen würden, würden sie merken, dass es kein Kampf ist, sondern eine liebevolle Umarmung. Alles sogenannte Negative ist nicht negativ, sondern es ist Liebe, es stammt aus der gleichen Quelle/ Gott, wie das, was ihr Liebe nennt. Es gibt kein Gut und Böse, es gibt nur Licht, aber ihr gebt euch keine Mühe, Probleme in Ruhe zu betrachten und den Hinweis zu finden, der euch wieder auf den richtigen Weg führt. Nein, ihr kämpft, ihr schlagt um euch, ja ihr kämpft sogar gegen die Menschen, die ihr liebt, und versucht nicht, sie zu verstehen. Ihr wollt immer im Recht sein, ihr wollt nicht sehen, dass hinter etwas, das ihr als negativ bezeichnet, wahre Liebe steht. Mein kleiner Bär, werde still in dir und sieh nicht die Probleme, sondern erkenne die Liebe und Geborgenheit.«

Für mich war es schwer, mit dem Verstand zu begreifen, was der Geistführer mir sagen wollte, aber tief im Herzen verstand ich jedes Wort.

Der große Bär fuhr fort: »Jetzt will ich dir noch etwas zeigen.« Ich sah einen Indianer mit Pfeil und Bogen, der auf eine Scheibe zielte, den Bogen dabei aber nicht richtig spannte. Er schoss den Pfeil ab, und dieser fiel ihm genau vor die Füße. Daraufhin hob der Indianer den Pfeil auf, konzentrierte sich wieder und spannte den Bogen diesmal richtig fest, so dass der Pfeil auf die Scheibe zuflog und genau ins Schwarze traf.

Der große Bär fragte mich, ob ich verstanden hätte.

»Ja und nein, ich weiß, was du mir sagen möchtest, aber ich weiß nicht, ob ich es richtig verstehe.«

Der große Bär lachte: »Die Menschen verhalten sich manchmal wie in der ersten Szene. Sie haben ein Ziel und einen Wunsch und versuchen, ein bisschen darauf zu ›schießen‹, aber es fehlen ihnen die Konzentration und der Wille. Sie wollen für den Erfolg nichts tun. Meistens geben sie nach dem ersten Versuch auf, wenn es nicht sofort gelingt. Zwischen den beiden Bildern liegt eine lange Zeitspanne, die du nicht gesehen hast: Der Indianer hat den Pfeil nämlich immer wieder aufgehoben und versucht, ins Schwarze zu treffen. Es ist ihm mindestens hundert Mal misslungen, aber weißt du, warum er zum Schluss doch noch traf? Weil er an den Erfolg glaubte und immer wieder übte und alles dafür tat. Du darfst Hundertmal, ja Tausendmal ›hinfallen‹, das ist nicht entscheidend; entscheidend ist, ob du Zweitausendmal aufstehst und deine Vision, dein Ziel im Auge behältst und alles tust, um es zu erreichen, oder ob du beim ersten oder sechzigsten Mal schon aufgibst. Lerne aus jedem Misserfolg, aber gib nicht auf und mache nicht denselben Fehler zweimal. Überlege nach jedem Misslingen, warum es dir nicht gelang und wo der Fehler lag. Aufgeben ist keine Lösung, vor allem dann nicht, wenn du nicht einmal überlegt hast, warum es kein Erfolg wurde.«

Ich musste eine Weile überlegen, bevor ich meine nächste Frage stellte: »Großer Bär, wenn ich aber merke, dass ein Traum plötzlich kein Traum mehr ist, weil ich einen Schritt weitergekommen bin und diesen Traum nicht mehr brauche, muss ich ihn dann trotzdem nicht aufgeben?«

»Nein, mein Freund, wenn du wirklich merkst, dass eine Vision falsch war oder überholt ist, kannst du von ihr ablassen, aber du darfst niemals denken: Wenn es nicht klappt, brauche ich diese Vision nicht mehr. Überprüfe genau, ob du nicht vor der Verantwortung davonläufst. Überprüfe es genau! Die Menschen sind wahre Meister im Erfinden von Ausreden. So, mein Freund, du wirst in den nächsten zwei Minuten aus deiner Meditation zurückgeholt werden. Bis bald, und ich bin immer bei dir, mein ›kleiner Bär‹.«

Und tatsächlich holte Gyan zwei Minuten später alle Teilnehmer aus der Meditation zurück. Ich war richtig entspannt und hatte von meinem Freund in der geistigen

Welt eine Menge gelernt. Gyan fragte mich: »Wie geht es deinem Knie?«

Ich sah sie erstaunt an und dachte: »Was will die von meinem Knie wissen?« Da kam mir plötzlich wieder in den Sinn, dass ich ja am Anfang eine Heilung für mein Knie erhalten hatte. Ich fasste es an und merkte, dass es besser geworden war – noch nicht gut, aber besser. »Na ja, was nicht ist, wird noch werden, wenn ich nie aufgebe«, dachte ich mir.

Für mich war es eine riesengroße Erleichterung, dass ich meinen Geistführer, mit dem ich zu jener Zeit am häufigsten arbeiten sollte, besser kennen lernen konnte. Obwohl ich weiß und immer wusste, dass ich Helfer und Wesen in der geistigen Welt habe, und ich sie ja von klein auf manchmal bewusst wahrgenommen hatte, war es für mich trotzdem eine schöne Erfahrung, die mir Bestätigung gab.

Doch noch interessanter wurde es einen Tag später. Ich hatte bei Andy eine mediale Sitzung, auf die ich sehr gespannt war. Ich wollte von ihm wissen, wie mein Team arbeitete und wer dazugehörte. Von dem Indianer erzählte ich ihm nichts, denn ich wollte eine Bestätigung. Bei solchen Dingen bin ich immer sehr kritisch, deswegen sage ich in einer Sitzung nie etwas außer »Ja« und »Nein« oder »Kann ich verstehen«, um dem Medium keine Hinweise zu geben. Ich bin ein richtig anstrengender Klient!

Andy nahm Kontakt mit meinem Geistführer auf und sagte: »Dein Geistführer zeigt sich mir als Indianer, der in ein Bärenfell gekleidet ist. Er sagt etwas von einem großen Bären, ich kann es aber nicht einordnen. Er zeigt mir das Sternenbild Großer Bär und anschließend den Kleinen Bär. Ich habe das Gefühl, dass er dich kleiner Bär nennt, bin aber nicht ganz sicher. Er will dir auch noch etwas Wichtiges mitteilen: Er hat dir einmal zwei Federn geschenkt, die für dich sehr wichtig sind. Er will dir das sagen, damit du eine Bestätigung bekommst.«

Die Sitzung ging noch weiter, aber für mich war diese Bemerkung Bestätigung genug: Der große Bär hatte die Federn erwähnt und mir über meinen Lehrer seinen Namen vermittelt, den ich ja schon kannte.

Als ich die Botschaft von den Federn erhielt, wusste ich zunächst nicht, was gemeint war, aber ein paar Sekunden später fiel es mir wie Schuppen von den Augen. Etwa ein Jahr zuvor, als ich mit dem Gedanken spielte, ein eigenes Geschäft zu eröffnen, bekam ich eine Vogelfeder geschenkt. Ich muss vorausschicken, dass Falken für mich schon seit langem eine sehr spezielle Bedeutung haben. Ich sehe ihnen zu und spreche ein bisschen mit ihnen. Sie geben mir zwar nie eine Antwort, aber ich erzähle ihnen einfach meine Probleme und Gedanken. Diese Vögel geben mir ein Gefühl von Weitblick und Freiheit.

Bei einem Waldspaziergang mit meinem Hund Panda sah ich immer wieder einen Falken, und diesmal sprach ich ihn an:

»Lieber Falke, wenn ich das Geschäft eröffnen soll, dann schenk mir doch eine Feder.« Ich wusste nicht genau, warum ich das sagte, aber für mich hat dieser Vogel einfach etwas Magisches. Ich lief weiter, und der Falke zog über mir seine Kreise. Nach einiger Zeit hatte ich ihn aus den Augen verloren und lief einfach durch den Wald.

Nach einiger Zeit blieb ich stehen und sah vor mir auf dem Boden eine große Falkenfeder liegen. Für mich war das kein Zufall. Natürlich, wo es Vögel gibt, da gibt es Federn, doch diese stammte weder von einer Taube noch von einem anderen Vogel, sondern von einem Falken.

Es blieb ja auch nicht das einzige Ereignis, nein, es gab noch eine zweite wichtige Entscheidung in meinem Leben. Als ich Sibylle kennen lernte, fragte ich mich immer wieder, ob ich sie schon aus einem anderen Leben kannte, und ob sie das Mädchen war, von dem mir das Medium seinerzeit erzählt hatte. Ich sah den Falken wieder und wusste: Wenn es so ist, wenn ich und Sibylle in diesem Leben zusammenfinden, wird mir der Falke wieder eine Feder schenken. Ich musste nicht weit laufen, bis ich vor meinen Füßen eine Feder fand.

Für viele Leser sind solche Begebenheiten kaum nachvollziehbar, und viele denken: »In meinem Leben geschieht nie so etwas.« Doch das stimmt nicht. Viele Menschen übersehen einfach die kleinen Zeichen. Viele erwarten, dass ein Engel oder ein Geistführer durch die Tür hereinspaziert kommt und sagt: »Hallo, ich bin Erzengel Michael und wollte dir nur sagen, dass du dies oder jenes im Leben ändern musst.« Doch so läuft das nicht. Auch ich habe viele Bücher gelesen und zahlreiche Geschichten und Erlebnisse von Menschen gehört, die ich kaum glauben konnte. Manchmal habe ich daran gezweifelt, weil mir so etwas nie zustieß. Doch ich habe einfach akzeptiert, dass Wunder jeden Tag geschehen und dass sie sich jedem Menschen anders zeigen. Dass mein Lehrer damals die beiden Federn erwähnt hatte, war für mich schon ein Beweis. Und auch heute noch begleiten mich die Falken und ihre Federn durchs Leben: Bei wichtigen Entscheidungen bekomme ich von einem Falken eine Feder geschenkt, damit ich weiß, dass die Sache gut ausgehen wird.

Bin ich ein Indigo-Kind?

Der Begriff ›Indigo-Kinder‹ ist heute aus der esoterischen Szene fast nicht mehr wegzudenken. Ich kann mich noch gut daran erinnern, als ich das erste Mal bei einem Medium war, das mir sagte: »Du bist mit der Christus-Energie verbunden!« Ein anderes meinte später: »Du bist ein Kind aus Atlantis!« Dann hörte ich: »Du bist ein Sternenkind!« Erst als ich ungefähr dreiundzwanzig Jahre alt war, sagte mir jemand: »Du bist ein Indigo-Kind.« Ich weiß noch, dass ich völlig durcheinander war. Jeder wollte mich in eine Schublade stecken und mir ein Etikett aufdrücken. Ich verstand die Welt nicht mehr. Am Anfang wusste ich überhaupt nicht, was ich war, vor allem in der Zeit, als mir meine Fähigkeiten immer mehr bewusst wurden. Doch als ich mich häufiger in der Esoterikszene bewegte, wusste plötzlich jeder, was ich war. Zugegeben, jeder sah es anders und jeder wollte mich einfach nur irgendwo einordnen. Doch ich stolperte immer wieder über den Begriff Indigo-Kind und wollte dann doch einmal wissen, was das genau war.

Eines Abends saß ich bei meinem Freund Pablo und erzählte ihm davon: »Du, Pablo, jeder sagt etwas anderes, einmal bin ich das und dann wieder jenes und so weiter und so fort, aber niemand sagt: ›Du bist normal!‹«

Er lachte: »Das ist doch sowieso alles dasselbe, lies mal ein Buch über Indigo-Kinder.«

Das tat ich auch, und es hat mich fast umgehauen: Ich hatte das Gefühl, mein eigenes Tagebuch zu lesen. Zum ersten Mal habe ich eine Textstelle gefunden, bei der ich das Gefühl hatte, dass es doch Menschen auf dieser Welt gibt, die mich verstehen.

Heute ist es mir egal, als was ich bezeichnet werde. Wichtig ist für mich nur, was ich selbst bin. Doch ich kann sehr gut damit leben, wenn mir die Menschen sagen, ich sei ein Indigo, auch wenn ich mich selbst nicht als Indigo bezeichne. Ich verstehe die Menschen heute: Sie müssen alles und jeden irgendwo einordnen. All die Bezeichnungen, die man für mich fand, sind im Grunde nichts weiter als ein anderer Ausdruck für das Indigo-Phänomen.

Ich möchte nichts Wissenschaftliches über Indigos erzählen, da es dazu sehr viel Literatur gibt, sondern nur ein paar Dinge aus persönlicher Sicht schreiben. In den Büchern liest man, dass in nächster Zeit viele Indigos auf der Erde inkarnieren werden. Indigo-Kinder sollen Kinder sein, deren Seelen schon sehr weit fortgeschritten sind. Sie sollen eine indigofarbene Aura haben, daher auch der Ausdruck Indigo-Kinder. Es heißt, sie seien sehr medial veranlagt, und viele von ihnen hätten ADHS (Hyperaktivitätssyndrom). Das wurde seinerzeit auch bei mir vermutet, doch da die Symptome zum Glück nie sehr ausgeprägt waren, wurde ich auch nicht gedankenlos mit Medikamenten vollgepumpt.

Auch hatte ich als Kind immer Autoritätsschwierigkeiten. Damals verstand ich das nicht, aber heute ist mir bewusst, warum. Ich sah nicht ein, wozu der – in meinen Augen sinnlose – Lernstoff in der Schule gut sein sollte, vor allem wenn ich Lehrer hatte, bei denen ich merkte, dass ihr Wissen nur auswendig gelernt war. Als medialer Mensch oder als Indigo merkt man das sofort. Ich dachte dann immer: »Warum sehen das die anderen Schüler nicht? Die müssen doch auch merken, dass der Lehrer nur dummes Zeug erzählt.« Doch es fiel ihnen nicht auf.

Mit Lehrern hingegen, die aus ganzem Herzen unterrichteten und ihren Beruf liebten, hatte ich keine Probleme. Wenn ich als Kind etwas lernen musste, ging das nie wirklich gut; wollte ich aber etwas lernen, weil es mich besonders interessierte, war ich ein richtig guter Schüler. Ich liebte Fächer wie Biologie und Naturwissenschaften. Darin sah ich einen Sinn, und in diesen Fächern hatte ich auch gute Noten und brauchte nicht viel zu lernen, denn für mich war alles logisch und ergab einen Sinn. Was ich ebenfalls liebte, waren Vorträge oder Aufsätze. Da konnte ich meiner Fantasie freien Lauf lassen. Leider war – oder besser gesagt ist – die Rechtschreibung heute noch mein großes Problem. Inzwischen kann ich damit umgehen, aber in der Schule war es manchmal schon sehr schwierig.

Ich hatte nie Angst, etwas nicht zu erreichen. Im Großen und Ganzen kann ich sagen, dass ich alles, was ich von Herzen wollte, auch erreicht habe. Das ist auch ein typisches Merkmal von Indigos: Diese Kinder haben ein sehr starkes Selbstwertgefühl und wissen von klein auf, wozu sie auf der Erde sind. Viele dieser Kinder kennen ihre vergangenen Leben. Ich kannte sie als Kind nicht, aber als ich ungefähr zwanzig war, sah ich immer wieder Bilder aus vergangenen Inkarnationen. Viele Indigos sind hellsichtig und haben Kontakt mit Engeln und Verstorbenen, nicht alle in der gleichen Intensität, aber die meisten haben einen sehr guten Draht zur geistigen Welt. Man muss diese Kinder wie Erwachsene behandeln, sie sind alte Seelen und wissen manchmal viel mehr als die Erwachsenen.

Ich habe auch bald gemerkt, dass ich viel Zeit für mich brauche. Doch ich kann nicht einfach zu Hause sitzen, sonst wird es mir langweilig. Ich brauche die Natur, und am liebsten bin ich mit meinem Hund Panda im Wald. Dort fühle ich mich verstanden und komme mit vollen Energietanks nach Hause. Langeweile ist sowieso ein großes Problem der Indigos. Ich vermute, das liegt manchmal daran, dass sie einfach gewisse Zusammenhänge schneller verstehen. Wenn mir jemand ein Problem erzählte, konnte ich meistens schon nach zwei, drei Worten eine Lösung präsentieren und wollte das Ende der Geschichte gar nicht abwarten, da ich es schon lange wusste.

Erst mit der Zeit lernte ich, dass ich die Menschen ausreden lassen muss, wenn ich ihnen helfen möchte. Viele verstehen nicht, wenn ich sage: »Diese Infos reichen mir; ich würde das Problem so und so lösen.« Damit stieß ich nie auf Gegenliebe, sondern eher auf Ablehnung. Ablehnung ist eines der größten Probleme, mit denen Indigos oder mediale Menschen zu kämpfen haben. Man hört immer wieder Sätze wie: »Du bist anders! Du spinnst! Das glaub ich nicht! Du hast zu viel Fantasie!«

Heute verstehe ich die Menschen, aber als Kind verstand ich sie nicht, da ich nicht wusste, dass ich manchmal einfach mehr wahrnahm. Ich habe auch immer großen Wert auf die »Wahrheit des Herzens und der Liebe« gelegt. Ich weiß noch, wie ich den Satz aus *Der kleine Prinz* las: »Man sieht nur mit dem Herzen gut!« Dieser Satz prägte mein Herz schon immer. Nie verstand ich Menschen, die alles »vom Kopf her« machen wollten. Heute weiß ich, dass viele Indigos damit zu kämpfen haben. Indigos sollen die Herz-Energie auf der Erde verbreiten. Ich merke immer, dass ich viel aus dem Herzen heraus mache und es mir sehr schwer fällt, jemanden zu verstehen, der alles durchdenkt.

Ich bin sehr kritisch, was das Indigo-Phänomen in der Esoterikszene betrifft. Vieles, was ich damals las, traf auf mich zu, und auch du, lieber Leser, wirst, falls du Kinder hast, vieles bei ihnen so vorfinden, wie ich eben beschrieben habe oder wie es in den Büchern über Indigos steht. Wenn man die Bücher jedoch genauer liest, sind sie sehr oberflächlich, und im Grunde treffen die Merkmale auf fast alle Kinder zu. Doch wenn ich die Aura von Kindern betrachte, sehe ich bei sehr wenigen die Farbe Indigo. Ich kenne zum Glück viele wirklich gute Medien, die das auch sagen. Mit dieser Meinung stehe ich also nicht allein da. Ich will nicht bestreiten, dass es Indigos gibt, doch ich frage mich manchmal, ob nicht andere Gründe dafür verantwortlich sind, dass Kinder heute verhaltensauffällig sind. Ob es nicht einfach wieder mal ein ›Schöngerede‹ der Esoterikszene ist, die den Müttern einfach eine ›Schublade‹ anbietet, damit sie eine Entschuldigung dafür haben, dass ihr Kind nicht gut erzogen ist? Wenn Kinder bei uns im Esoterikgeschäft Produkte aus den Regalen reißen und auch sonst einfach sehr nervig sind, sagen die Eltern immer: »Es ist halt ein Indigo-Kind!« Aber wo ist dann das Indigo in der Aura geblieben?

Ich denke, wir sollten den Kindern einfach wieder die Möglichkeit geben, sich im Wald und in der Natur zu bewegen, zu spielen und sinnvollen Freizeitbeschäftigungen nachzugehen. Dann wird sich das Indigo-Phänomen sehr schnell erledigt haben! Es ist doch klar, dass Kinder, die mit Coca-Cola, Süßigkeiten, Fernsehen und Computerspielen unterhalten werden, nervig sind und nicht still sitzen können, hyperaktiv werden und ADHS bekommen. Dass sie vor Langeweile sterben, wenn sie ein Buch lesen sollen, im Schulunterricht nicht aufpassen können oder sich mit sich selbst beschäftigen müssen. Das ist doch logisch und hat mit gesundem Menschenverstand zu tun.

Ich finde, bevor wir immer den Grund im Außersinnlichen suchen, sollten wir einfach mal auf uns schauen. Es gibt Indigos, ja, die gibt es zum Glück wirklich. Aber es sind tatsächlich sehr, sehr wenige. Klare Indigo-Merkmale sind meiner Meinung nach: Indigo-Farbe in der Aura, mediale Fähigkeiten, Kontakt mit Geistwesen, Verständnis für Liebe und Nächstenliebe. Hat das Kind diese Merkmale nicht, ist es zwar kein Indigo, aber dennoch ein wunderbares Geschöpf. Ich möchte auch nochmals klar sagen: Ich selbst bezeichne mich nicht als Indigo-Kind. In welche Schublade mich die Mitmenschen stecken, ist mir heute egal.

Auch möchte ich noch kurz erwähnen, dass man die Indigo-Kinder nicht in den Himmel loben soll. Ja, es gibt ganz wundervolle Indigos, aber bedenkt bitte: Alle Kinder sind ein Geschenk von Gott. Bedenkt auch, Indigos gibt es nicht nur auf der guten Seite, sondern auch auf der anderen. Wir leben nun einmal in der Polarität. Ein Indigo zu sein, heißt noch lange nicht, im Licht zu sein, es kann auch das Gegenteil bedeuten.

Zweifel

Oft werde ich gefragt, ob ich auch Zweifel, Ängste und Sorgen habe. Ich kann gar nicht verstehen, warum mich Menschen so etwas fragen. Natürlich nicht! Warum sollte ich? Nein, jetzt im Ernst, natürlich habe ich Zweifel und Ängste, ich bin ja kein Guru. Viele machen sich auch ein völlig falsches Bild von dem, was Hellsehen ist. Ich selbst sehe ja auch nicht alles, und vor allem wird mir nicht alles gezeigt. Gerade wenn es mich persönlich betrifft, stehe ich manchmal richtig auf dem Schlauch. Ich glaube, mein einziger Vorteil ist, dass ich einfach vieles ausprobiere und selten Angst habe, dass es schiefgehen könnte. Oder dass mir die Meinung anderer Menschen im Großen und Ganzen egal ist. »Egal« ist nicht das richtige Wort, mir sind die Menschen und Meinungen nicht egal, aber wenn ich etwas wirklich will, mache ich es. Dann verfolge ich meine Träume. Das heißt nicht, dass ich über Leichen gehe. Doch auch ich habe immer wieder Krisen. Zum Glück, denn aus Krisen lerne ich am meisten.

Ich kann mich noch gut an eine Krise erinnern, als ich 2004 mein erstes Geschäft, meinen Esoterikladen, aufgeben musste, da er einfach nicht lief – zu wenig Umsatz. Mit dem Entschluss, mein Geschäft aufzugeben, stand ich wieder ganz am Anfang. Jedenfalls dachte ich das damals. Heute weiß ich, dass es nicht stimmte und, im Gegenteil, die beste Entscheidung war. Ich fragte mich, was ich tun sollte. Ich war damals vierundzwanzig Jahre alt und hatte keine Berufslehre. Ich bin zwar ausgebildeter Schauspieler, aber auch damit ließ sich nicht wirklich Geld verdienen, und in dieses Business will ich nicht mehr zurück. Manchmal fragte ich mich, ob es sich lohnte, alles für meine Vision, meine innere Stimme zu tun. Und doch hatte ich immer wieder das Gefühl, dass es klappen würde, wenn ich nur auf mein Herz hörte. Ich war auch sehr froh, dass ich Sibylle an meiner Seite hatte. Sie gab mir immer wieder die Kraft und den Glauben an mich und meine Fähigkeiten. Wenn ich an manchen Abenden nach Hause kam und nichts verkauft hatte, war ich manchmal richtig fertig. Ich sagte zu ihr: »Weißt du, ich bin jetzt vierundzwanzig und kann mir nichts leisten, ich habe kein Auto, keinen Lohn, und was Ferien sind, weiß ich auch nicht mehr. Das ist doch unfair, da machst du alles, um deine Herzenswünsche zu erfüllen, und nichts funktioniert. Ist doch alles Mist!«

Sibylle sah mich mit ihren tiefblauen Augen an und fragte: »Glaubst du wirklich, dass du nichts hast? Du hast etwas in dir, was die meisten Menschen verloren und vergessen haben! Du hast deine Herzstimme noch, und du hast deine Vision, du brauchst kein Auto und keine teure Wohnung, deine Seele ist rein und voller Liebe, das braucht die Welt.«

»Ja, toll«, entgegnete ich, »ich weiß es ja, aber davon kann ich mir nichts kaufen, ich kann mir nicht mal ein teures schönes Handy leisten.«

Sibylle begriff ziemlich schnell, dass ich jetzt wie ein kleines Kind zu trotzen anfing und mich selbst nicht mehr ganz so ernst nahm. Sie nahm meinen Kopf zwischen die Hände und schaute mich ganz ernst an. Ihr Blick bohrte sich in meine Augen und sie sagte, Wort für Wort betonend: »Pascal, du brauchst kein Handy! Du bist hellsichtig und hast telepathische Fähigkeiten. Du kannst per Gedankenkraft kommunizieren. Aber wozu brauchst du ein Handy?«

Ihr Blick blieb auf meine Augen geheftet, und ihr Gesichtsausdruck war ernst. Auf einmal konnte ich das Lachen nicht mehr zurückhalten, und wir fielen uns in die Arme und lachten nur noch. Ja, die liebe Sibylle hat mir gezeigt, wie unbedeutend manche Wünsche sind. Natürlich war ihr bewusst, dass auch ich wie jeder andere Mensch ein Telefon braucht, um sich mit anderen Menschen zu unterhalten, aber sie zeigte mir einfach, dass gewisse Dinge nicht den Wert haben, den wir ihnen beimessen. Dass ich mehr habe als die meisten Menschen: die Freude und die Freiheit, um meine Berufung zu leben.

Beispiele aus der Praxis

Oft werde ich auch gefragt: »Sag mal ehrlich, bist du dir immer ganz sicher, ob es eine geistige Welt gibt? Oder ein Leben nach dem Tod? Ob du wirklich hellsichtig bist und nicht nur ein Spinner?« Solche oder ähnliche Fragen höre ich immer wieder. Nein, hundert Prozent sicher bin ich mir nie, auch ich zweifle manchmal. Aber ich bekomme immer wieder so wundervolle Beweise, dass ich einfach weiß, dass ich mir das alles nicht nur einbilde. Je länger ich mich mit meiner Hellsichtigkeit beschäftige, je mehr ich meine außersinnlichen Wahrnehmungen in meinen Alltag einfließen lasse, desto mehr Beweise bekomme ich.

Besonders gut kann ich mich an eine Sitzung erinnern, bei der ich viele Beweise erhielt. Diese Geschichte kann man unmöglich dem Zufall zuschreiben. Ich fuhr nach Deutschland und besuchte dort eine Freundin. Sie arbeitet als Klangschalen-Therapeutin. Immer wenn ich sie besuche, machen wir zusammen Klangschalen-Meditationsabende, und ich halte meistens ein paar Vorträge und Seminare. Natürlich gebe ich dort auch immer wieder mal Sitzungen. Ich kann mich noch gut erinnern, wie eine junge Frau zu mir in die Sitzung kam. Sie war etwa sechsundzwanzig Jahre alt und machte einen sehr aufgeschlossenen, sympathischen Eindruck. Ich bat sie, Platz zu nehmen, und wollte ihr gerade erklären, wie so eine Sitzung abläuft. Zu dieser Zeit machte ich hauptsächlich Aura-Readings, da ich in diesem Bereich schon mehrere Ausbildungen absolviert hatte und mich am sichersten fühlte. Bei einem Aura-Reading geht es darum, den Menschen ihre momentane Situation verständlich zu machen und ihnen ihr Potenzial aufzuzeigen. Beim Auralesen hat man Einsicht in die Vergangenheit, Gegenwart und die Zukunft. Doch bei dieser jungen Frau konnte ich kein Aura-Reading machen. Denn als ich ihr erklären wollte, wie ein Reading abläuft, nahm ich einen jungen Mann aus der geistigen Welt wahr. Zuerst wollte ich ihn ignorieren, da ich mit Jenseitskontakten noch nicht so viel Übung hatte. Die meisten hatten nur Übungszwecken gedient oder während meiner Ausbildung stattgefunden. Ich teilte dem jungen Mann mit, dass ich keinen Jenseitskontakt herstellen wolle. Er wollte aber nichts davon wissen, sondern gab mir zu verstehen, dass es für ihn sehr wichtig sei. Er war so stark präsent, dass ich mich sowieso nicht auf die Aura hätte konzentrieren können.

Deshalb fragte ich die junge Frau: »Kennst du einen jungen Mann so um die dreiundzwanzig? Er hat fast immer eine schwarze Lederjacke an, die sieht aus wie eine Motorradjacke. Er hat dunkle Haare, ist dünn und etwa 1,80 Meter groß. Er spricht kein Deutsch. Er lebt im Ausland, es muss im Süden sein, ich höre das Meer und sehe viel Sonne, es erinnert mich an Griechenland. Kennst du jemanden, der so jung gestorben ist und auf den diese Beschreibung passen würde?«

Die junge Frau antwortete, mit dieser Beschreibung könne sie sehr viel anfangen. Ich erzählte weiter:

»Er entschuldigt sich bei dir, dass er dich allein gelassen hat. Er gibt mir das Gefühl, als wolle er dich beschützen und als wäre er dein großer Bruder. Ich denke, das ist er aber nicht. Er starb nicht eines natürlichen Todes, es war ein Unfall. Ich sehe eine Waffe, ich glaube, es ist ein Messer, bin mir aber nicht sicher. Ich fühle einen Schlag auf meinen Kopf. Jetzt ist alles dunkel. Kannst du das verstehen?«

Auch das konnte sie sehr gut nachvollziehen. Ich erzählte ihr noch einige weitere Details, an die ich mich jetzt nicht mehr so genau erinnere, und übermittelte ihr die Botschaft des jungen Mannes. Er wollte sich einfach bei ihr für das entschuldigen, was sie nach seinem Tod erlebt hatte. Er war wirklich sehr traurig, und es tat ihm unheimlich leid, wie alles gekommen war. Für mich war es eigenartig, da ich seine Botschaft zwar verstand, aber keine besonders tiefe Bedeutung darin sah. Er sagte sonst nichts, erwähnte nur immer wieder, dass es ihm leid tue. Die junge Frau war in Tränen aufgelöst und erzählte mir am Ende der Sitzung die ganze Geschichte, die die Richtigkeit meiner Wahrnehmungen bestätigte.

»Das ist mein Cousin, die Beschreibung stimmt genau, er ist Türke und lebte in der Türkei, er sprach also kein Deutsch. Er trug meistens eine schwarze Motorradjacke, doch er starb nicht durch ein Messer, sondern wir haben ein bisschen rumgealbert, und er hat mit der Pistole seines Vaters gespielt. Es löste sich ein Schuss und er starb, weil er sich selbst in den Kopf schoss. Er war wie ein Bruder für mich. Daher kommen auch die Brudergefühle, er hat mich immer beschützt.«

»Warum entschuldigt er sich bei dir?«, wollte ich wissen, da ich nicht ganz begriff.

»Da die Polizei zuerst an Mord dachte, kam ich in der Türkei für sechs Monate in Untersuchungshaft, das war die Hölle. Niemand glaubte mir, dass ich nicht geschossen hatte, erst nach einem halben Jahr wurde ich freigesprochen. Das war nicht leicht.«

Diese Sitzung war kein Kinderspiel und ist mir auch heute noch in guter Erinnerung, da sie wirklich nicht alltäglich ist. Das Schöne daran war für mich vor allem, dass sowohl die junge Frau als auch ihr verstorbener Cousin durch diese Sitzung Ruhe fanden. Sie konnte in der Sitzung zum ersten Mal richtig weinen und die Entschuldigung ihres Cousins annehmen, da sie wusste, dass er für das Unglück genauso wenig konnte wie sie. Er ist und bleibt ihr ein treuer »großer Bruder« in der geistigen Welt und wird sie beschützen.

Eine andere Sitzung ist mir ebenfalls im Gedächtnis geblieben, da ich der Verzweiflung nahe war, weil die Klientin die Person einfach nicht erkennen wollte! Ich beschrieb einen älteren Herrn, ziemlich genau und mit vielen Details. Doch die Klientin wiederholte mehrmals, sie kenne diesen Mann nicht.

Ich sagte: »Ich bekomme den Namen ›Hans‹ und er zeigt mir ein Foto, auf dem Sie mit ihm zu sehen sind. Sie stehen vor einem gelben Sportflugzeug. Es ist sehr sonnig und sehr warm. Sagt Ihnen das etwas?« Die Frau verneinte und wurde langsam ärgerlich. Das verstand ich nicht, denn ich konnte diesen älteren Herrn wirklich bis ins Kleinste beschreiben. Ich hatte auch das komische

Gefühl, als wolle die Frau den Mann nicht erkennen. Ich brach den Kontakt ab und nahm einen neuen auf. Diesen Kontakt konnte die Frau ganz schnell als ihren Vater einordnen und seine Botschaft verstehen. Doch die Sache ließ mir keine Ruhe und ich fragte nochmals: »Kennen Sie den anderen Mann wirklich nicht?«

»Doch, doch«, meinte die Frau plötzlich, »das war Onkel Hans mit dem Sportflugzeug, mit dem ich früher immer meine Ferien verbrachte, aber mit dem will ich auf keinen Fall sprechen!«

Ich saß mit offenem Mund da und verstand die Welt nicht mehr. Ja, manchmal machen es einem die Klienten schwerer als die Verstorbenen! Sie hätte doch bloß sagen müssen: »Ja, ich kenne diesen Mann, aber ich möchte nicht mit ihm sprechen.« Ich war damals wirklich verzweifelt. Doch am Ende war ich dankbar, dass sich das Rätsel noch gelöst hatte. Außerdem konnte ich dann zwischen den beiden vermitteln, so dass sie mehr oder weniger Frieden schließen konnten. Das war besonders schön für mich.

Manchmal ist es auch spannend, was man alles sieht, und manchmal ist es für das Medium das Wichtigste, der geistigen Welt hundertprozentig zu vertrauen, auch wenn ihm merkwürdige Dinge gezeigt werden. Einmal war bei einer Sitzung ein sehr elegant gekleideter Mann aus der geistigen Welt anwesend. Aber zu seinem schwarzen Anzug trug er weiße Socken. Für meinen Geschmack war das mehr als grauenhaft. Ich konnte mir nicht vorstellen, dass jemand einen derart schlechten Geschmack haben konnte. Aber das erwähnte ich gegenüber der

Klientin nicht, da sie diesen Mann mühelos als ihren Ehemann erkannte. Doch dieser zeigte immer wieder auf seine weißen Socken, und am Ende der Sitzung gab ich nach und sagte: »Es tut mir leid, eine Frage habe ich noch: Ihr Mann zeigt mir immer weiße Socken zu einem schwarzen Anzug, können Sie das verstehen?«

»Oh ja«, antwortete die Frau, »es war fürchterlich. Er war immer perfekt angezogen, aber er hatte kein Problem damit, weiße Socken zum schwarzen Anzug zu tragen. Ich fand es absolut grauenhaft, wir stritten uns oft deswegen, sogar bei unserer Hochzeit hatte er weiße Socken an.«

Ich musste lachen und war froh, dass ich die weißen Socken angesprochen hatte, auch wenn es ein sehr eigenartiges Bild gewesen war.

Eine andere Sitzung ist mir ebenfalls noch sehr deutlich in Erinnerung. Diesmal war der Klient ein Mann. Früher war seine Frau einmal bei mir in einer Sitzung gewesen und war davon so begeistert, dass sie ihn dazu überredete, auch einmal zu mir in eine Sitzung zu kommen.

Schon als ich die Tür meines Beratungsraums öffnete und er mich sah, wäre er am liebsten wieder gegangen. Er war um die vierzig und hatte wohl nicht einen 26-Jährigen mit Piercing und Kapuzenpulli erwartet. Ich bat ihn, Platz zu nehmen und begann mit der Sitzung. Er saß die meiste Zeit nur da und nickte mit dem Kopf, aber recht viel mehr geschah nicht. Dann nahm ich einen Mann aus der geistigen Welt wahr und beschrieb ihn ihm, doch er konnte nicht wirklich verstehen, wovon ich sprach.

Er sagte: »Es könnte mein Großvater sein, aber viele Details passen nicht auf ihn.«

Ich war mit dieser Antwort nicht zufrieden. Auch fühlte ich, dass dieser Mann nicht sein Großvater war. Doch mein Klient war nicht in der Stimmung zu überlegen, wer es sein könnte. Ich hatte das Gefühl, er wolle sowieso nur nach Hause und war nur seiner Frau zuliebe hierher gekommen. Ich bat die geistige Welt, mir zu helfen und mehr Details zu zeigen, und auf einmal hörte ich den Namen ›Hanspeter‹. Ich ging dann das volle Risiko ein und fragte meinen Klienten: »Kennen Sie vielleicht einen Hanspeter? Ich höre immer wieder diesen Namen.«

Der Mann sah erschrocken auf und begann zu weinen, richtig heftig. Ich wusste nicht, was ich machen sollte, und ließ ihn einfach weinen.

Danach sagte er: »Jetzt versteh ich alle Details, die du aufgezählt hast! Ich konnte mich nicht mehr an Hanspeter erinnern, da ich ihn verdrängt hatte, doch es stimmt alles, was du gesagt hast.«

Es wurde nachher eine wunderbare Sitzung. Mein Klient war ›offen‹ für meine Botschaften. Inzwischen kommt er mit seiner Frau regelmäßig zu Kursen und Seminaren.

Eines wurde mir in jener Zeit immer bewusster: Als Medium trägt man eine ziemlich große Verantwortung. Manchmal bin ich erschrocken, wenn mir Leute berichten, was ein Medium ihnen geraten oder erzählt hat. Dann frage ich mich, wie diese sogenannten Medien und Therapeuten noch gut schlafen können. Ich finde, kein Medium sollte einem Menschen sagen, ob er seinen Partner verlassen soll oder nicht. Man muss dem Klienten seine Situation klarmachen und ihm helfen, seine

Entscheidungen zu treffen. Ich – oder ein anderes Medium – kann ihm doch nicht sagen, ob dieser Partner gut für ihn ist oder nicht.

Mich nerven aber manchmal auch Klienten, die mit einem Zettel kommen, auf dem drei bis fünf Namen stehen, und die von mir wissen wollen, welches der richtige Partner ist. Das will und kann ich nicht sagen! Ich kann lediglich die Vorteile und Nachteile der einzelnen Personen aufzeigen, damit der Klient seine persönliche Wahl treffen kann. Doch die andere Frage ist natürlich, ob solche Menschen verstanden haben, worum es bei der Liebe und einer Beziehung überhaupt geht.

Erschrocken war ich auch, als ich hörte, dass viele Hellseher oder Therapeuten dem Betreffenden sagen, er sei als Kind missbraucht worden. Behauptet der Klient daraufhin, dies stimme nicht, entgegnen die ›Therapeuten‹: »Du kannst dich bloß nicht mehr daran erinnern.« Das finde ich krank! Ich möchte gar nicht wissen, wie viele Menschen und Familien wegen solcher Aussagen leiden oder zerstritten sind und wie viele Freundschaften daran zerbrechen. Natürlich gibt es diese Fälle, das kann man hellsichtig sehen, aber ich wäre damit sehr vorsichtig. Wenn der Klient mit so einer Botschaft nichts anfangen kann, soll man niemals darauf beharren! Viele solcher Aussagen stammen von Therapeuten, die nicht mehr weiter wissen. Wenn die Therapie keinen Erfolg zeigt, wird etwas aus der Luft gegriffen, das angeblich in einem vergangenen Leben stattgefunden hat. Der Klient hat es natürlich verdrängt, und deswegen weiß er von nichts! Deshalb würde ich immer darauf achten, ob das Medium oder der Therapeut eine seriöse Ausbildung hat.

Ich kann mich noch an ein Erlebnis erinnern, das ich sehr erschreckend fand. Ich arbeitete in Basel im Esoterikladen, als plötzlich ein junger Mann in meinem Alter hereinkam. Auf meine Frage, ob ich ihm helfen könne, gab er zur Antwort: »Ich weiß nicht, ob du mir helfen kannst, aber ich habe eine Frage.«

»Ja, frag nur.« Ich dachte, er wolle mehr über ein bestimmtes Produkt wissen.

Daraufhin erzählte er, auf der Straße sei eine ältere Frau auf ihn zugekommen und habe sich als Hellseherin ausgegeben, die ihm etwas Wichtiges sagen wolle. Er solle sofort sein Leben ändern und ... hm, na ja ... halt etwas Bestimmtes machen, dann würde sein Leben gut werden. Ich fühlte sofort, dass er nicht erzählen wollte, was genau er an seinem Leben ändern sollte, und riet ihm: »Ich würde nicht zu viel Wert darauf legen, was die Leute auf der Straße erzählen. Und überhaupt, wenn du diesen Punkt nicht ändern möchtest oder gar nicht das Gefühl hast, etwas in deinem Leben ändern zu müssen, warum solltest du es tun? Das ist doch Schwachsinn! Außerdem glaube ich nicht, dass das eine seriöse Hellseherin war, die sprechen einen nicht einfach auf der Straße an.«

Eine Kundin im Laden hatte das Gespräch mit angehört. Sie schloss auf einmal die Augen und schwankte ganz heftig mit dem Oberkörper. Ich hatte schon Angst, sie würde zusammenbrechen und einen Anfall bekommen. Doch sie öffnete die Augen wieder und sagte: »Du, ich will dir auch etwas sagen, die Frau hatte recht. Du befindest dich gerade in einer Veränderung, und dein Leben ist nicht so einfach, du musst unbedingt das machen, was dir die Frau auf der Straße geraten hat.«

Der Mann geriet wieder richtig in Panik und wusste nicht mehr, was er machen sollte. Ich wusste auch nicht weiter. Mich schockierte diese Aussage. Ich konnte es mir aber nicht verkneifen, die Aura des Mannes anzusehen, und bekam das Gefühl, dass die ›Hellseherin‹ ihm gesagt hatte, er solle seine Freundin verlassen, obwohl er das gar nicht wollte. Da konnte ich mich nicht mehr beherrschen. Mein Geistführer machte sich deutlich bemerkbar und drängte mich, etwas zu sagen. So etwas mache ich normalerweise nie, doch in diesem Fall fand ich es wichtig. Ich sah erst die Kundin und dann ihn an und meinte: »Sieh mal, um einem Menschen zu sagen, dass sich in seinem Leben viel verändern wird, braucht man kein Hellseher zu sein. Bei wem ändert sich nicht viel im Leben? Ich finde, wir sollten aufhören, uns als Hellseher aufzuspielen und derart oberflächliches Zeug von uns zu geben. Außerdem musst du entscheiden. Warum solltest du deine Freundin verlassen, wenn du sie doch liebst und im Wesentlichen alles in Ordnung ist in eurer Beziehung?« Er sah mich erschrocken an und wollte wissen, woher ich das alles wisse.

»Ich mache gerade eine mediale Ausbildung, deshalb.« Ich sah die Kundin verärgert an und sagte: »Ich weiß nicht, ob Sie eine Ausbildung haben oder nicht, ich möchte Sie nur fragen, ob Sie es mit Ihrem Gewissen vereinbaren könnten, wenn dieser Mann jetzt nach Hause gegangen wäre und sich von seiner Freundin getrennt hätte, obwohl er das eigentlich gar nicht wollte! Könnten Sie das?«

Darauf entgegnete sie: »Ich wusste ja nicht, was die Frau gesagt hat. Ich habe mir nur gedacht, es kann doch kein Zufall sein, dass diese Hellseherin auf ihn gestoßen ist. Meine Engel haben mir geraten, zu sagen, dass er alles so machen soll, wie sie gesagt hat.«

»Sie wussten nicht, um was es ging, aber Sie hielten den Ratschlag dieser Frau für gut?«, ereiferte ich mich. »Das ist mir unverständlich. Es kann doch nicht sein, das Sie jemandem sagen, was er tun soll, obwohl Sie selbst gar nicht wissen, worum es geht! Wo bleibt da Ihre Verantwortung? Ich will mich nicht in Ihr Leben einmischen, und es geht mich nichts an, aber an Ihrer Stelle würde ich meine Medialität richtig ausbilden lassen und meine Engel überprüfen. Vor allem würde ich prüfen, ob es wirklich Engel sind, die Sie hören, oder nicht einfach die Gedanken Ihres Egos. Es tut mir leid, ich möchte niemanden beleidigen, aber solche Situationen regen mich auf.«

Ich unterhielt mich noch eine Weile mit dem jungen Mann, der mir erzählte, dass er eigentlich wirklich glücklich in seiner Beziehung sei, es ihn aber doch sehr verunsichert habe, was diese Frau gesagt hatte.

Das kann ich gut verstehen, aber wir sollten selbst überlegen, ob wir in unserem Leben etwas ändern möchten oder nicht. Warum etwas ändern, wenn alles gut und schön ist? Das wäre doch unsinnig.

Die Kundin im Laden wollte übrigens meine Visitenkarte, um eine Sitzung zu buchen. Solche und ähnliche Situationen zeigen mir immer, wie verantwortungsvoll wir mit unserer Medialität umgehen müssen.

Kraft der Gedanken

Man liest und hört immer wieder, wie wichtig es ist, richtig zu denken und nicht in negative Denkmuster zu verfallen. Als ich meinen Laden geschlossen hatte, war mein Geschäftskonto in den Miesen. Ich beschloss, mir ein paar Wochen Auszeit zu nehmen, um zu überlegen, wie es weitergehen sollte.

Zuerst wollte ich aber die Produkte, die ich noch übrig hatte, über das Internet in einem Online-Shop verkaufen. Später überlegte ich mir, wie es weitergehen sollte. Mediale Beratungen konnte ich noch nicht geben, da ich noch in der Ausbildung war. Es kamen zwar ab und zu schon Interessenten, die von mir gehört hatten, aber es waren nicht so viele, dass ich davon hätte leben können. Außerdem fühlte ich mich damals auch noch nicht so weit, um mit Beratungen mein Lebensunterhalt zu verdienen. Doch mein Denken änderte sich fast von einem Tag auf den anderen. Ich hatte keinen finanziellen Druck mehr, da ich den Laden restlos aufgelöst und somit keine laufenden Kosten mehr hatte.

Ich wohnte noch bei meiner Mutter und konnte dort im Zimmer meiner älteren Schwester mein Büro einrichten, da sie einige Monate vorher ausgezogen war. Es war ein sehr kleines Büro, aber für den Ausverkauf meiner

Produkte reichte es. Ich hatte die gesamte Ware im Keller untergebracht und einen Online-Shop eröffnet. Eigentlich erhoffte ich mir vom Ausverkauf nichts und wäre schon zufrieden gewesen, wenigstens noch ein bisschen Geld einzunehmen. Dann überlegte ich, was ich im Bereich ›Spiritualität‹ schon anbieten könnte, denn ohne Geld ging es ja nicht. Ich kam auf die Idee, Meditationen anzubieten, denn dafür reichte mein Wissen bei weitem. Also gründete ich meine erste Meditationsgruppe. Die Sitzungen sollten bei mir zu Hause im ehemaligen Zimmer meiner Schwester, in meinem neuen Büro, stattfinden. Das war ungefähr im September 2004. Nach kurzer Zeit fiel mir auf, dass ich im Online-Shop sehr viele Produkte verkaufte, sogar mehr als früher im Laden. Da ich keine großen Unkosten hatte, blieb mir sogar noch Geld übrig. Das fand ich sehr eigenartig, da ich überhaupt keine Werbung machte und der Verkauf trotzdem gut lief. Auch die Meditationsgruppe wurde immer größer, und mir reichte der Platz zu Hause nicht mehr. Ich konnte nicht verstehen, warum es auf einmal so leicht war, Geld zu verdienen.

Schon bald wurde mir aber etwas klar: Ich brauchte mir keine Sorgen mehr um das Geld zu machen, da ich genügend hatte, um meine Rechnungen zu bezahlen. Ich lebte sehr einfach, hatte keine laufenden Kosten und damit auch keine Existenzängste. Ich setzte mich nicht mehr unter Druck, im Shop etwas zu verkaufen und Menschen für meine Meditationsgruppe zu gewinnen. Den Vorteil der Gruppe sah ich auch darin, dass ich selbst ›gezwungen‹ wurde, regelmäßig zu meditieren. Ich tat etwas, was mir Spaß machte, und bekam dafür auch noch Geld. Es war zwar nicht viel, aber es floss immerhin, da immer mehr Menschen an den Meditationen teilnehmen wollten. Allmählich begriff ich, wie das Ganze funktionierte: Früher wollte ich einfach mehr verkaufen, mehr Kunden haben, mehr Geld haben, doch mein Bewusstsein signalisierte mir immer einen Mangel an Geld! Deshalb konnte ich nie genug Geld haben. Erst als ich nicht mehr verkaufen wollte, kam alles wie von selbst.

Ich schrieb damals einen Text über die Kraft der Gedanken, den ich nachfolgend einfügen möchte:

Es gibt Menschen, die glauben, sie können alles. Es gibt Menschen, die glauben, sie können nichts. Beide haben recht. Denn unsere Gedanken schaffen unsere Realität. Worauf wir unsere Aufmerksamkeit und unsere Energie lenken, das holen wir in unser Leben. Im Grunde haben wir das vielleicht schon längst begriffen, aber dennoch können wir nicht erfolgen lassen, was gut für unser Leben ist. Warum? Ich denke, ein Grund ist, dass wir unsere Gedanken – unsere Energie – meist genau auf das Gegenteil lenken. Hier ein Beispiel aus eigener Erfahrung: Ich denke, jeder, der sich mit Esoterik oder Spiritualität beschäftigt, wird früher oder später einmal mit dem Lichtschutz oder Lichtkreis oder ähnlichen Übungen konfrontiert. Ich glaubte früher, ich müsse mich vor negativer Energie schützen. Viele Menschen in meinem Umfeld sagten mir immer wieder: »Du musst dich in goldenes Licht hüllen, du brauchst Schutz.« Ich fühlte mich ja auch immer ausgepumpt und leer. Mir wurde gesagt, es gebe Menschen, die anderen Menschen Energie rauben. Also begann ich mit den Schutzübungen. Ich stellte mir goldenes Licht um mich herum vor. Am Anfang fühlte ich mich besser, doch bald wurde es immer schlimmer, ich musste mich immer mehr schützen, da es mir sonst schlecht ging. Ich konnte nicht mehr in Pubs oder an öffentliche Orte gehen, da es dort verschiedene ›negative‹ Energien gab, die mir nicht guttaten, und ich fühlte mich an solchen Orten nicht mehr wohl.

Ich fragte um Rat, und mir wurde immer wieder gesagt: »Du schützt dich zu wenig!« Ich schützte mich also noch mehr und noch mehr und ... Doch es wurde immer schlimmer. Plötzlich wurde mir bewusst, was ich machte! Ich schützte mich zwar mit meiner Gedankenkraft, aber ich schuf vor allem das Negative, da meine Gedanken und Energie nur noch auf Schutz ausgerichtet waren. Das Negative nahm immer mehr Raum ein, und mein Schutz reichte nie aus. Ich hörte auf, mich zu schützen, und es ging mir wieder gut. Heute weiß ich, dass ich keinen Schutz brauche, da ich einfach ›Licht‹ bin und es nichts Negatives gibt. Da es nichts Schlechtes und Negatives gibt, brauche ich keinen Schutz, und deswegen kann es mir auch nicht schlecht gehen.

Ein anderes Beispiel: Viele glauben, eine Beziehung sei dazu da, dass die Partner miteinander wachsen und alles, was in der Beziehung nicht gut ist, gelöst werden müsse. Jetzt taucht ein kleines Problem in der Beziehung auf. Die beiden setzen sich zusammen und sprechen darüber, schließlich muss man ja alle Probleme beseitigen. Da kommt aber schon das nächste Problem, und auch dieses wird bis ins Detail ausdiskutiert. Es tauchen immer mehr Probleme auf. Ja, man sieht plötzlich nur noch das, was in der Beziehung nicht stimmt, denn man hat die Energie auf eben diese Unstimmigkeiten gerichtet. Man sieht nur noch das, was man verbessern muss. Früher oder später werden sich die beiden trennen und hoffentlich beim nächsten Partner ihr Augenmerk auf das Positive in der Beziehung richten.

Alles hat ein Ende–
Alles hat einen Anfang

Wenn ich heute zurückdenke, war mein erster geschäftlicher Misserfolg das Beste, was mir je passiert ist. Ich habe enorm viel daraus gelernt. Auch meine ganze Lebenseinstellung hat sich in den letzten paar Jahren sehr verändert. Ich merke immer, wenn in meinem Leben große Veränderungen anstehen. Immer wenn etwas Neues in mein Leben tritt, verändern sich vorher viele alte Gewohnheiten, Situationen und Menschen.

Als es auf das Jahr 2006 zuging, fühlte ich, dass bald wieder einiges anders werden würde. Ich merkte es vor allem an meiner Medialität. Früher war es mir wichtig, den Menschen Beweise und Fakten zu liefern. Das tat ich sehr gern, natürlich nur in dem Maß, wie es im Bereich des Übernatürlichen möglich ist. Heute konzentriere ich mich mehr auf Gott und die Spiritualität, weniger auf das Spektakuläre. Mir wurde klar, dass es zwar gut war, Beweise und Fakten zu liefern, aber dabei vergaß ich die Liebe zum Klienten und zur geistigen Welt. Für mich war es zum Beispiel wichtiger, die Verstorbenen bis ins kleinste Detail zu beschreiben, als den Hinterbliebenen ihre Liebe und ihre Gefühle zu vermitteln. Heute geht es mir mehr darum, die Liebe und Weisheit der geistigen Welt an die Menschen weiterzugeben. Es ist mir wichtiger, die Menschen zu sich selbst und somit zu Gott zu führen. Ich weiß ja, dass ich mit Fakten aufwarten kann, wenn ich das möchte und es notwendig ist.

Im Januar 2006 kam ich zum ersten Mal mit der Lehre von Paramahansa Yogananda in Berührung. Sein Buch *Autobiografie eines Yogi* und das Leben dieses Mannes faszinierten mich so sehr, dass ich begann, mich näher mit ihm und seinen Lehren zu beschäftigen.

Yogananda war ein Guru und Heiliger aus Indien. Je mehr ich mich mit Spiritualität beschäftigte, je mehr ich versuchte, zu verstehen, worum es im Leben wirklich geht, desto mehr fühlte ich eine Leere in mir. Diese Leere wollte ich füllen, wusste aber, dass das nicht von außen möglich war. Überdies begann ich mich immer öfter zu fragen, was Liebe – wahre Liebe – ist, doch ich fand einfach keine Antwort darauf.

Im März 2006 ging ich für eine Woche nach Deutschland, um wieder einmal Seminare zu halten. Ich bin im Jahr ein- bis zweimal in Deutschland. Für mich ist das immer etwas ganz Besonderes, da ich fast den ganzen Tag mit der geistigen Welt arbeite. Von morgens bis zum späteren Nachmittag gebe ich Einzelsitzungen, und am Abend halte ich Vorträge oder veranstalte kleine Seminare und Meditationen. Diese Zeit ist sehr intensiv für mich, da auch ich immer sehr viel dabei lerne, vor allem über mich selbst. Es ist schwierig zu erklären, was es genau bewirkt. Normalerweise komme ich dann sehr motiviert und mit vollen ›Batterien‹ nach Hause.

Doch diesmal war es anders. Es war zwar wie immer sehr schön, und die Menschen, die ich kennen lernen durfte, waren wunderbar, aber ich fühlte noch die Leere in mir. Mir wurde klar, dass ich an meinem Leben einiges ändern musste, um einfach meinen Weg gehen zu können. Ich fühlte, dass ich diese Leere nur füllen konnte, wenn ich mich selbst liebe, wenn ich Gott liebe, wenn ich einen spirituellen Weg gehe! Doch wie dieser Weg aussehen sollte, wusste ich damals noch nicht.

Zwei Wochen nach meiner Rückkehr aus Deutschland fand wieder eine Woche mediale Ausbildung statt. In dieser Zeit gehen wir immer in die Berge an einen See in der Nähe von Brienz und üben eine Woche lang gemeinsam. Mit einer Kollegin, die in derselben Gegend wie ich wohnte, fuhr ich nach Luzern. Dort trafen wir uns mit einer weiteren Mitschülerin. Sie hieß Irene und war mir schon vor einem Jahr aufgefallen.

Ich kann mich noch gut daran erinnern, wie ich damals in das Restaurant kam, in dem sich alle Schüler vor dem Unterricht trafen. Ich sah sie, und da neben ihr noch ein Platz frei war, setzte ich mich zu ihr. Schüchtern warf ich ihr einen schnellen Blick zu und verlor mich für kurze Zeit in ihren Augen. Das war für mich sehr eigenartig. Ich wusste nicht, was das zu bedeuten hatte, aber ich hatte wieder einmal das Gefühl, diesen Menschen schon lange zu kennen. Diese Augen kannte ich. Die Augen sind für mich wirklich das Fenster zur Seele. Es heißt, dass man Menschen aus vergangenen Leben an den Augen erkennt, da sie sich von einer Inkarnation zur anderen nicht oder nur sehr wenig verändern. Ob das stimmt, kann ich nicht sagen. Ich weiß nur, dass ich es wirklich an den Augen erkenne. Aber in jenem Moment hatte ich Angst, mir etwas einzubilden. Außerdem fühlte ich mich sehr stark zu Irene hingezogen, aber das durfte doch gar nicht sein, denn schließlich hatte ich eine Freundin.

In den folgenden Tagen verbrachte ich sehr viel Zeit mit Irene und fühlte eine sehr starke Verbindung zu ihr. Für mich war noch etwas sehr eigenartig: Ich kenne viele Menschen, aber nur wenige, die wie Irene dasselbe Sternzeichen, denselben Aszendenten wie ich haben und noch dazu Linkshänder sind. Das war doch wirklich seltsam! Aber noch merkwürdiger war für mich diese Verbindung zu ihr. Ich wollte es nicht wahrhaben. Es gab ein paar kurze Momente, in denen ich ehrlich zu mir war und die ›Verbindung‹ zuließ, doch meistens war ich damit beschäftigt, mir alle möglichen Gründe auszudenken, warum an dem Gefühl, das ich in Irenes Nähe empfand, nichts Besonderes war. Das gelang mir wirklich sehr gut – unglaublich, wie genial unser Gehirn ist, wenn es darum geht, uns selbst etwas vorzumachen, uns selbst zu belügen!

Mein Gehirn ist da wirklich absolut spitze! Schließlich habe ich zehn Jahre lang geraucht und jedes Mal, wenn ich damit aufhören wollte, lieferte mir mein Gehirn tausende von Gründen, warum ich *nicht* aufhören sollte. Ich könnte Bücher darüber schreiben! Doch ich fand einen einfachen Grund, um aufzuhören: Rauchen schadet der Gesundheit.

Jedenfalls schaffte ich es tatsächlich, von dieser Verbindung loszukommen und sie ein Jahr lang einfach zu ignorieren. Ich wollte den Tatsachen nicht ins Auge schauen, und das gelang mir auch ganz gut. Allerdings musste ich immer, wenn ich sie gesehen hatte, noch lange an sie denken! Aber das habe ich ihr nie gesagt. Nie hätte ich auch nur eine Bemerkung darüber verloren. Sie hatte sich aber in mich verliebt und fragte deshalb immer wieder: »Sag mal, fühlst du diese Verbindung nicht? Bilde ich mir das alles nur ein? Ich verstehe das Gefühl nicht, sag, wie geht es dir? Ich möchte es so gerne verstehen!«

Ich konnte ihr keine Antwort geben, jedenfalls keine ehrliche. Natürlich fühlte ich diese Verbindung auch, aber ich war in einer Beziehung und durfte doch keiner anderen Frau sagen, dass ich etwas für sie empfand. Außerdem konnte ich diese Gefühle nicht definieren. Mein Kopf kam mir da immer wieder dazwischen. »Tut mir leid, Irene, dass ich es dir nie gesagt habe!«

Nun aber wieder zurück zu unserer Ausbildungswoche! Ein Jahr später fuhren wir also zu dritt mit Irenes Auto nach Brienz. Kaum war ich eingestiegen, fühlte ich wieder diese Verbindung. Ich hatte immer wieder das Bedürfnis, sie anzuschauen. Aber auch ein Jahr später war mein Kopf noch dabei. Ich konnte nicht verstehen, warum ich mich so zu ihr hingezogen fühlte, denn zwischen uns gab es so etwas wie eine Hassliebe. Eigentlich haben wir ständig nur blöde und manchmal richtig harte Sprüche über den anderen gemacht. Wir waren in dieser Woche die ganze Zeit zusammen, stritten uns aber meistens. Nicht bösartig, aber ständig kamen Sprüche. Am zweiten oder dritten Abend lag ich noch wach im Bett und Dominic, mit dem ich das Hotelzimmer teilte, fragte plötzlich: »Du, sag mal, warum streitet Irene und du ständig? Es ist doch offensichtlich, dass ihr ineinander verliebt seid!«

»Verliebt!«, schrie ich schon fast. »Dass ich nicht lache! Ich mag sie, aber ich bin nie im Leben in sie verliebt. Außerdem habe ich eine Freundin!«

»Aha, spannend, und wenn du keine hättest?«

»Hm, weiß ich nicht, kann ich doch nicht sagen, wie es dann wäre.«

»Sorry, Pascal, aber du liebst sie! Du kannst sagen, was du willst! Und sie liebt dich auch!«

»Na schön, wenn du meinst. Ich glaube es nicht«, gab ich zurück.

In dieser Nacht schlief ich sehr unruhig und versuchte, mich mit meinem Geistführer zu verbinden, doch irgendwie gelang es mir nicht. Am nächsten Morgen hatte ich schon wieder alles vergessen und verdrängt. Bei der Morgenmeditation konnte ich mich richtig gut entspannen und vertiefen. Ich fühlte mich in Licht gehüllt und sehr geborgen. Mir wurde klar, dass sich in nächster Zeit einiges in meinem Leben verändern würde. Ich wusste nicht genau, was, und deshalb spürte ich eine große Unsicherheit in mir. Ich bat meine geistigen Helfer, mich in der Meditation zu führen, mir den richtigen Weg zu weisen und mir klare Zeichen zu geben, damit ich meinen neuen Weg erkannte.

Nach der Meditation ging es mir gleich besser, und ich begab mich mit den anderen Seminarteilnehmern in den Essraum. Irene saß mir beim Frühstück gegenüber, und wir unterhielten uns. Nein, eine Unterhaltung war es eigentlich nicht, wir setzten lediglich unser ›Spielchen‹ fort. Wir zogen uns gegenseitig auf. Doch auf einmal hatte ich keine Lust mehr dazu. Ein ganz eigenartiges Gefühl breitete sich immer mehr in mir aus. Ich weiß bis heute nicht, was für ein Gefühl das war, aber ich hatte einfach keine Lust mehr, mich mit Irene zu streiten. Ich sagte gar nichts mehr, beendete mein Frühstück und verließ den Raum. Draußen zündete ich mir eine Zigarette an und setzte mich ans Seeufer.

Ich musste immer wieder an das Gespräch mit Dominic denken, es ließ mich nicht mehr los, auch wenn ich damals überzeugt war, dass es nicht stimmte, was er gesagt hatte. Kurze Zeit später kam auch Irene und bat mich um eine Zigarette. Ich gab ihr eine, und wir saßen am Ufer und schwiegen einfach. Keiner machte einen dummen Spruch. Irene kam das Ganze wohl sehr eigenartig vor, denn sie fragte mich, was mit mir los sei. Doch ich wusste keine Antwort darauf und sagte nur: »Ach, ich bin gerade so sentimental, ich würde jetzt einfach gern ein bisschen in meinem Bett liegen und kuscheln.«

Ich musste lachen, denn ich verstand mich selbst nicht und fügte rasch hinzu: »Es ist wohl nur die intensive Ausbildung. Wenn man sich ein paar Tage nur mit sich selbst beschäftigt, wird doch einiges verarbeitet. Komm, lass uns wieder reingehen.«

Von diesem Zeitpunkt an hatten Irene und ich fast keine Wortgefechte mehr. Die Woche war sehr intensiv, und ich habe sehr viele spannende Dinge erlebt. Als ich wieder zu Hause war, fiel ich in ein richtiges Loch und fühlte eine Leere in mir. Ich verabredete mich mit Sibylle und freute mich riesig, sie zu sehen. Doch auch wenn wir zusammen waren, blieb diese eigenartige Leere. Es war mir unbegreiflich. Ich merkte, dass ich Sibylle nicht mehr die Liebe geben konnte, die sie verdiente. Da ich diese Liebe nicht in mir trug, fühlte ich nur diese Leere, wusste aber nicht, woher sie kam.

Ich habe mich daraufhin von Sibylle getrennt. Es war für mich eine sehr schwierige Entscheidung, da ich bei ihr wirklich Sicherheit fand, die Sicherheit, die jeder Mensch sucht. Doch mein Gefühl sagte mir, es sei besser für mich – und auch für Sibylle –, mich von ihr zu trennen. Wir waren zu oft denselben Weg gegangen und dadurch beide sehr unfrei geworden, so dass wir unser Potenzial nicht entfalten konnten.

Damals hatte ich nur das Gefühl, das Richtige zu tun. Ich hatte aber auch Angst, damit einen großen Fehler zu machen. Doch schon ein paar Wochen später wusste ich, dass meine Entscheidung richtig gewesen war, denn ich sah, dass die Energie in Sibylles Aura freier geworden war und sie plötzlich wieder ihr Leben lebte. Ungefähr vier Wochen nach unserer Trennung sah ich, dass sie bald wieder einen neuen Mann kennen lernen würde. Das hat sich dann acht Wochen später bestätigt. Die Entscheidung war mir schwer gefallen, doch ich wusste, wenn ich diese Leere in mir füllen wollte, musste ich mein Leben komplett ändern.

Da wir gerade von Loslassen reden, möchte ich an dieser Stelle noch erwähnen, dass ich in dieser Zeit auch aufhörte zu rauchen. Nach gut zehn Jahren hatte ich eines Tages tatsächlich die ›Erleuchtung‹. Aber zwei Wochen bevor ich aufhörte, rauchte ich so viel wie noch nie. Ich beobachtete intensiv andere Raucher und erkannte, dass das Rauchen sich auf ihre Aura auswirkte. Und überhaupt ist es nicht gut für die eigene Ausstrahlung. Mir fiel auch auf, dass die meisten Nichtraucher ein stärkeres inneres Leuchten haben als Raucher. Diese Erkenntnis half mir sehr.

Lieber Leser, keine Angst, falls du Raucher bist: Du musst dich nicht gezwungen fühlen, damit aufzuhören. Ich habe ja selbst zehn Jahre gebraucht und mir lange eingeredet, ich bräuchte die Zigaretten. Heute weiß ich, dass das nicht stimmt, und bin sehr froh darüber.

Anfang 2006 war für mich keine leichte Zeit, da ich sehr viele Dinge losließ, doch mit jedem Loslassen kommen auch viele schöne neue Dinge hinzu, und auf die freue ich mich jeden Tag. Eines davon war die Bekanntschaft mit Irene.

Erste öffentliche Auftritte

Ende 2005 hatte ich meinen ersten großen öffentlichen Auftritt in Basel an den PSI-Tagen. Das war für mich nicht ganz so einfach, da ich aus der Nähe von Basel komme und auch heute noch manchmal Mühe habe, wirklich zu dem zu stehen, was ich mache. Ich glaube, das ist verständlich, da viele Menschen immer noch der Ansicht sind, Medien und Hellseher seien nicht ganz normal. Doch trotz meiner Angst entschloss ich mich, an den PSI-Tagen aufzutreten. Zumal ich vorher auch noch an einem Autorenwettbewerb teilgenommen hatte, der von den Veranstaltern der PSI-Tage organisiert wurde. Mein Text kam in die engere Auswahl und wurde später in einem Buch veröffentlicht.

An den PSI-Tagen hatte ich einen Stand und gab dort Aura-Readings. Einige Tage zuvor surfte ich noch ein bisschen im Internet und besuchte die Homepage des Basler PSI-Vereins. Dort las ich, dass die Aussteller Vorträge halten konnten.

Auf der Referentenliste entdeckte ich den Namen einer Dame, bei deren Jenseitsdemonstration ich schon einmal dabei gewesen war. Bei so einer Demonstration stellt ein Medium Kontakt zu verstorbenen Angehörigen von Menschen aus dem Publikum her. Es versucht, den Verstorbenen so genau zu beschreiben, dass nur eine Person aus dem Publikum die Informationen verstehen kann. Die Demo dieser Dame war meiner Meinung nach die schlechteste, die ich je gesehen habe. Es war wirklich traurig und schockierend, dass sich solche Menschen Medium nennen. Die Zuschauer wurden auch noch zum Narren gehalten, da viele Dinge mit Einzelnen aus dem Publikum abgesprochen waren.

Als ich nun den Namen dieser Dame auf der Referentenliste sah, habe ich mich richtig geärgert. »Das darf doch nicht wahr sein«, dachte ich, »hier bekommen Leute, die nichts können, die Chance für einen großen Auftritt.« Ich ärgerte mich wirklich sehr und haderte mit Gott und der Welt. Auf einmal vernahm ich die Stimme meines Geistführers großer Bär: »Warum ärgerst du dich so? Die Frau hat angeboten, einen Vortrag zu halten, und du nicht! Also hat sie doch das recht auf ihren Auftritt! Wer etwas tut, hat das Recht, gesehen zu werden. Wer das Gefühl hat, alles besser zu können, aber nichts tut, sollte still sein. Es gibt genügend Menschen, die im Leben nichts anderes tun, als große Reden zu schwingen. Melde dich an und halte selbst einen Vortrag! Tu etwas und hör auf, dich zu ärgern!«

Das gefiel mir nun wirklich nicht, und ich entgegnete, ich könne gar keinen Vortrag halten, da man mich nie gefragt habe und jetzt, drei Tage vorher, alle Termine ausgebucht seien.

Doch mein Geistführer sagte nur: »Warum versuchst du nicht wenigstens, einen Termin zu bekommen? Gibst du jetzt schon auf? Dann ärgere dich aber auch nicht über die Dame! Sie hat nicht aufgegeben, sondern sich rechtzeitig um einen Vortragstermin gekümmert. Sie hat keine Angst, vor vielen Menschen zu stehen und zu ihren ›Fähigkeiten‹ zu stehen.«

Dass mir diese Antwort nicht gefiel, muss ich wohl nicht sagen. Aus Trotz schaltete ich den Computer an und fragte per Mail beim PSI-Verein an, ob es eventuell noch eine Möglichkeit für mich gäbe, einen Vortrag zu halten. Es dauerte keine halbe Stunde, da erhielt ich eine Mail mit der Mitteilung, ein Referent habe abgesagt, und ich könne seinen Termin übernehmen. Glück? Zufall? Vorherbestimmung? Na, jedenfalls ließ ich mir das nicht zweimal sagen, schließlich hatte ich ja noch eine Rechnung mit meinem Geistführer offen. Ich schrieb zurück, ich würde gern einen Vortrag über »Natürlichen Umgang mit Medialität und Engeln« halten. Es blieben mir nur noch knapp drei Tage, um meinen Vortrag vorzubereiten, und ich wusste nicht, mit wie viel Zuschauern ich rechnen konnte. Da kam ich auf die Idee, eine Kollegin anzurufen, die schon einige Male an den Basler PSI-Tagen Vorträge gehalten hatte. Sie meinte, ich solle höchstens mit etwa zwanzig Personen rechnen.

Irgendwie hatte ich ein eigenartiges Gefühl dabei, aber ich vertraute ihr, was sich später als falsch herausstellte und doch mein Glück war. Auf meine weiteren Fragen, was ich dabei beachten müsse und dergleichen, wollte sie mir keine richtige Auskunft geben. Ich fand das sehr eigenartig, dachte aber nicht weiter darüber nach. »Na schön«, sagte ich mir, »wenn nur zwanzig Leute kommen, werde ich nichts vorbereiten, sondern einfach kurz etwas über mich erzählen und anschließend können die

Zuschauer Fragen stellen. Auf diese Weise kann ich die fünfundvierzig Minuten gut und spannend füllen.«

Ich hatte vor, eine Art Mini-Seminar zu halten, aber ich hatte mich nur unzureichend darauf vorbereitet. Doch ich machte mir keine großen Sorgen, denn schließlich war ich es als Schauspieler gewohnt, vor Publikum zu stehen, und wegen zwanzig Leuten bekam ich nicht mal Lampenfieber. Doch als es dann so weit war und ich vor dem Saal stand, in dem ich meinen Vortrag halten sollte, war ich doch ein bisschen nervös. Es beruhigte mich aber, dass ein paar Freunde und meine Mutter im Publikum saßen – der Saal würde also nicht ganz leer sein. Davor hatte ich am meisten Angst.

Doch als ich hereinkam, wäre ich am liebsten gleich fortgelaufen. Im Saal saßen ungefähr hundert neugierige Menschen. Mir schoss richtig das Blut in den Kopf, ich bekam weiche Knie und fragte mich: »Auweia, was mache ich jetzt? Mit so vielen Leuten kann ich kein Mini-Seminar halten und nicht auf einzelne Fragen eingehen. Jungs in der geistigen Welt, jetzt brauche ich euch!«

Ich ging nach vorn zum Rednerpult und nahm das Mikrofon in die Hand. Die Energie im Saal nahm spürbar ab. Niemand hatte wohl damit gerechnet, als Referenten einen 25-jährigen jungen Mann zu sehen. Ich stand da und wusste ein paar Sekunden lang nicht, was ich machen sollte, doch dann stellte ich mich einfach vor und erzählte, wie ich meine Hellsichtigkeit entdeckt hatte. Gerade wollte ich meine Meinung über Engel erzählen, als eine Frau aus dem Publikum schrie: »Was erzählen Sie denn für einen Unsinn! Engel gibt es gar nicht! Sie wissen doch gar nicht, was Sie da erzählen! Hören Sie doch auf mit diesen Lügen! Wo ist denn die Liebe der Engel, die Liebe Gottes? Ich sehe nur Gewalt und Aggressionen! Ich lasse mir doch von Ihnen nichts erzählen! Sie Scheißtyp!« Ich stand da und wusste nicht mehr weiter.

Ich muss wohl niemandem erklären, wie man sich fühlt, wenn einen hundert Menschen anschauen und man von einer Zuschauerin derart beleidigt wird. Mir fiel nur ein Sprichwort ein, das ich morgens auf der Toilette gelesen hatte. Sonst nichts, nur dieses Sprichwort! Ich sah mich nach meiner Mutter um, doch sie warf mir nur schulterzuckend einen Blick zu, der ausdrückte: »Ich kann dir nicht helfen, da musst du jetzt selbst herausfinden. Aber das klappt schon!«

Wieder kam mir das Sprichwort in den Sinn, und ich hörte die Stimme meines Vater aus der geistigen Welt: »Junge, sag doch dieses Sprichwort.« Mir kam es vor, als dauerte das Ganze ewig, obwohl es wahrscheinlich nur wenige Sekunden waren. Dann wandte ich mich an die Zuschauerin: »Sehen Sie, meine Dame, mir kommt bei Ihnen ein Sprichwort in den Sinn, das heißt: ›Wenn man selbst ein König ist, begegnen einem auch nur Könige, wenn man selbst ein Schwein ist, begegnen einem auch nur Schweine.‹« Der ganze Saal brach in tosendes Gelächter aus, und sofort stieg der Energiepegel. Ich hatte auf einmal die Zuhörer auf meiner Seite. Die Zuschauerin versuchte noch einige Male zu stören, gab aber irgendwann auf. Mein Vortrag kam nachher so gut an, dass ich die ganze Messe über ausgebucht war, da viele Zuhörer ein persönliches Aura-Reading haben wollten.

Im ersten Moment war die Dame für mich das Schlimmste, was mir hätte passieren können, doch im Nachhinein betrachtet, war und ist sie für mich ein Engel. Ich weiß nicht, ob ich die Zuhörer so schnell auf meiner Seite gehabt hätte. Diesem Sprichwort und dieser Dame habe ich es zu verdanken, dass alles gut lief.

Bei einer anderen Gelegenheit sollte ich zum ersten Mal eine Jenseitsdemonstration vor einem größeren Publikum machen. Da ich damals gerade in einer ›medialen Krise‹ steckte (ich fand, dass meine Hellsichtigkeit nicht so gut war wie sonst), war ich ziemlich nervös. Am Nachmittag suchte ich ein bestimmtes Örtchen auf und plötzlich meldete sich eine ältere Dame aus der geistigen Welt bei mir. Auf meine Frage, was sie von mir wolle, antwortete sie: »Am Abend kommt meine Enkelin zu dir in die Jenseitsdemonstration. Ich möchte ihr unbedingt etwas sagen.«

Ich wollte von ihr wissen, warum sie sich schon so früh zeigte, da mein Auftritt erst sieben Stunden später geplant war. Sie gab mir zu verstehen, sie habe meine Unsicherheit bemerkt und wolle mich den Tag über ein wenig begleiten. Das tat sie dann auch und kam im Lauf des Tages immer wieder einmal vorbei und erzählte mir aus ihrem Leben. Bis zum Abend hatte ich so viele Details erfahren, dass ich für die Enkelin mühelos einen Kontakt herstellen konnte und sie auch die Einzige im Publikum war, die meine Aussagen verstand. Dieses Beispiel zeigt mir, dass die geistige Welt uns wirklich unterstützt. Sie braucht uns und wir brauchen sie.

Disziplin

Oft werde ich gefragt, ob ich für meine Medialität auch etwas tue. Natürlich, ich übe sehr viel, aber leider bin ich nicht immer so diszipliniert. Doch gerade darauf kommt es besonders an. Egal, ob man schon als Kind hellsichtig ist oder nicht: Ohne Training geht nichts! Auch Mozart, der wirklich ein Genie war, hat täglich Klavier geübt. So sollte man es auch mit der Medialität machen, denn sie lässt sich leider nicht von heute auf morgen entwickeln. Es braucht wirklich Jahre, bis man darin geübt ist. Es gab und gibt Zeiten, da bin ich sehr diszipliniert, meditiere jeden Tag und mache meine Übungen. Als ich Irene kennen lernte, freute ich mich, weil ich dachte, ich würde nun bestimmt noch mehr üben. Aber wie es eben in einer neuen Beziehung ist: Man hat anderes im Kopf als Meditieren.

Doch im Großen und Ganzen gebe ich mir wirklich Mühe, zumindest einmal am Tag zu meditieren und in die Stille zu gehen, meistens vor dem Schlafengehen. Als ich es wieder einmal an der nötigen Disziplin mangeln ließ und mir immer wieder vornahm: »Morgen Abend werde ich meditieren«, meldete sich mein Geistführer, der große Bär: »Pascal, wir sind doch Freunde, oder? Und Gott ist dir doch auch sehr wichtig?«

»Ja, natürlich! Warum fragst du mich, großer Bär?«

»Lässt du deine Freunde, die noch in einem Körper auf der Erde inkarniert sind, auch stundenlang warten? Vertröstest du deine Freunde immer auf den nächsten Tag und hältst den Termin doch nicht ein? Wohl nicht! Oder doch? Wenn das so wäre, hättest du bald keine Freunde und Bekannten mehr, die ihre Zeit mit dir verbringen möchten. Doch mit uns in der geistigen Welt haltet ihr es so. Ihr versprecht, zu meditieren und eure Zeit Gott oder uns zu widmen, doch sobald etwas Spannendes im Fernsehen kommt, habt ihr uns vergessen. Ihr vertröstet uns auf morgen, aber da habt ihr auch keine Zeit, denn ihr müsst telefonieren. Am nächsten Tag warten wir wieder auf euch, weil ihr es uns versprochen habt, doch auch dann sind wir euch nicht wichtig genug. Wir halten jeden Termin ein und sind euch nie böse, da wir die bedingungslose Liebe zu euch fühlen. Trotzdem frage ich dich: Ist das gerecht? Sind wir euch nur dann etwas wert, wenn wir euch helfen? Wenn ihr Fragen oder Probleme habt? Wenn ihr etwas von uns haben wollt? Ich frage dich, mein Freund, welcher Freund macht dieses Spiel wohl ewig mit? Wir in der geistigen Welt spielen schon noch mit, aber ich wollte dich trotzdem einmal darauf hinweisen und dich fragen, ob du das in Ordnung findest.«

Das war für mich eine ganz neue Sichtweise! Ich nahm mir vor, von nun an mehr zu meditieren, vor allem, wenn ich es versprochen hatte. Eigentlich nehme ich mir fast jeden Abend mindestens fünf bis zehn Minuten Zeit, um die Menschen, die ich gern habe und liebe, in goldenes Licht zu hüllen und mich bei Gott und meinen geistigen Helfern für den schönen Tag zu bedanken. Das ist das

Mindeste, was ich tun kann. Auch längere Meditationen nehmen immer mehr Raum in meinem Leben ein, denn ich halte das für sehr wichtig, auch wenn man immer wieder Gegenteiliges liest. Ich halte es für notwendig, vielleicht nicht für die mediale Entwicklung, aber ganz sicher für die spirituelle Entwicklung. Aber was heißt nicht mehr nötig oder überflüssig! Wie kann es überflüssig sein, sich selbst, Gott und seinem geistigen Team Zeit zu widmen.

Nachfolgend möchte ich passend zum Thema meinen Beitrag für das Buch »Sinn finden« vorstellen, den ich beim Autorenwettbewerb für die Basler PSI-Tage eingereicht hatte.

Die neue Zeit ist jetzt

»Mancher träumt so lange vom Glück, bis er es schließlich verschläft.« *Unbekannter Verfasser*

Zufällig wurde ich darauf aufmerksam, dass der PSI-Verein einen Autorenwettbewerb veranstaltete. »Toll, da mache ich mit«, war meine spontane Idee. Doch sofort kamen die Gegenargumente: »Worüber willst du schreiben? Du bist erst fünfundzwanzig, was interessiert es die Leute, was du zu sagen hast! Schreib in ein paar Jahren oder wenn dir spontan etwas einfällt! Du weißt ja nicht einmal, was du schreiben sollst. Gut, dann lass ich's eben.«

Doch immer wieder kam mir dieser Wettbewerb in den Sinn. Ich fragte mich, ob das ein Zeichen war. Aber sehr schnell gab mir mein Kopf zu verstehen, dass das bestimmt kein Zeichen war, und ich es einfach lassen solle. Da kam mir auf einmal mein Thema in den Sinn. Genau das ist das Problem der Menschen, immer alles auf den richtigen Tag zu verschieben, auf den richtigen Zeitpunkt, wenn man intelligent genug ist, wenn man alt genug ist, wenn man erleuchtet ist und so weiter. Wenn ich mich umsehe in dieser Welt, entdecke ich sehr viele Menschen, die auf eine bessere Zeit warten. Auch in der spirituellen Szene gibt es viele wartende Seelen, die sich das Warten auch noch schönreden: »Es wird alles besser. –

Wir kommen in die fünfte Dimension! – Die Indigo-Kinder werden uns helfen. – Es geht nicht mehr lange. – Im Jahr 2012 wird alles besser sein. Jetzt kommen auch noch die Kristall-Kinder und helfen den Indigos.«

Viel haben wir gehört über die neue Zeit, doch wo sind die wunderbaren Dinge, die uns versprochen wurden? Wo sind die Indigo-Kinder? Wann kommen wir in die fünfte Dimension? Wo sind die Retter der neuen Zeit? Ist das alles nur esoterischer Glaube? Wir sollten aufhören, auf die neue Zeit zu warten, und erkennen, dass diese Zeit jetzt ist. Die neue Zeit war schon vor 20 000 Jahren und wird auch noch in 4000 Jahren sein. Hören wir doch auf, auf eine Zeit zu warten, die ›besser‹ ist und in der Indigo-, Kristall- oder was auch immer für Kinder auf die Erde kommen, um uns zu retten! Warten wir nicht länger auf ein ideales Zeitfenster im Kosmos, das uns helfen soll, unsere ›Muster‹ und ›Blockaden‹ zu transformieren. Hören wir doch einfach auf, darauf zu warten, dass ein Mensch oder ein Umstand in unser Leben tritt, der uns die Arbeit abnimmt. Denn diese Zeit wird nicht kommen! Die neue Zeit ist hier und jetzt! Nur jetzt kannst du dich entscheiden, an dir zu arbeiten. Tu es jetzt, schau in den Spiegel und sei ehrlich zu dir. Erkenne, dass du nicht erleuchtet werden kannst, sondern schon lange erleuchtet bist! Nie gab es einen besseren Zeitpunkt, um dein Leben zu ändern! Mach die Augen auf und erkenne es – jetzt. Du hältst diesen Text jetzt in der Hand, weil meine Zeilen wahr sind. Hätte ich weiterhin auf das richtige ›kosmische Fenster‹ oder darauf gewartet, älter und weiser zu werden, dann könntest du meine Zeilen nicht lesen.

Spuk, Geister und Imprägnierung

Jeder, der als Medium arbeitet, wird früher oder später mit Spuk in Berührung kommen. Das ist wirklich ein sehr schwieriges Thema. Ich habe mir lange Gedanken darüber gemacht, ob ich in diesem Buch überhaupt darauf eingehen soll, mich aber entschieden, meine Erfahrung weiterzugeben, da ich der Überzeugung bin, dass es dem einen oder anderen Leser die Angst nehmen wird.

Das Wichtigste gleich am Anfang: Ein Verstorbener (Geist) kann uns nie Schaden zufügen. Nie! Das ist nicht möglich. Wenn der Bewohner eines Hauses, in dem es spukt, beispielsweise die Treppe hinunterfällt und dann glaubt, daran sei ein Geistwesen schuld, irrt er. Nicht das Geistwesen hat ihn hinuntergestoßen, sondern er selbst ist in Panik davongelaufen, in seiner Angst gestolpert und die Treppe hinuntergefallen. Nehmen wir den Spuk einmal genauer unter die Lupe.

Mir ist aufgefallen, dass alle Menschen, die mir von schwarzer Magie, Spuk oder Besetzungen erzählen, immer auch ein psychisches Problem haben. Eine emotionale Krise hat jeder mal. Ist die Psyche stabil, treten solche Phänomene nicht auf. Eigenartig, oder nicht? Es sind also nie irgendwelche Geistwesen dafür verantwortlich, sondern die eigene emotionale Verfassung.

Dennoch sollte man Spukphänomene untersuchen, denn die gibt es natürlich. Zuerst sollte man sich aber erkundigen, ob die Personen, die von Spuk reden, gerade in einer emotionalen Krise stecken. Wenn nicht, kann es sich durchaus um Spuk handeln. Doch meistens sind wir viel zu schnell bereit, von Geistern oder Spuk zu reden, ohne zu überprüfen, ob etwa ein zurate gezogenes Medium, das sein Handwerk nicht versteht, eine falsche Diagnose gestellt hat.

Nach meiner Erfahrung handelte es sich in keinem mir bekannten Fall wirklich um böse Geister. An dieser Stelle möchte ich aber gern ein paar persönliche Beispiele anführen.

Eines Tages kam Rahel zu mir und meinte: »Du, bei meinem Großvater im Haus spukt es! Wir müssen etwas unternehmen.«

Ich wusste bis dahin nichts über Spuk und war natürlich sofort Feuer und Flamme, weil ich das spannend fand. Allerdings hatte ich bei der Sache auch ein mulmiges Gefühl. Ich wollte von Rahel wissen, was sie mit Spuk meinte.

»Es klopft immer! Es ist aber nicht die Heizung, es sind Klopfgeräusche aus dem oberen Stock.«

Das wollte ich unbedingt sehen. Meine Neugier war größer als die Angst. Ich hatte damals so gut wie keine Erfahrung, und meine Medialität war noch nicht geschult. Ich hatte irgendwo gelesen, dass man ›böse Geister‹ mit Weihrauch, heiligem Wasser und Salmiakgeist vertreiben kann. Mit diesen Dingen ausgerüstet gingen wir also zu dritt – Rahels Mutter war auch dabei – ins

Haus von Rahels Großvater. Er selbst hatte die Klopfgeräusche nicht wahrgenommen oder so getan, als würde er sie nicht wahrnehmen. Doch hielt er sich nicht im oberen Stock des Hauses auf. Er hätte aber nie zugegeben, dass er sich dort oben nicht wohlfühlte. Typisch Mann. Wir hatten deshalb einen Ausflug für ihn organisiert. Auch Rahels Mutter, seine Tochter, hielt sich häufig in diesem Haus auf, da sie ihren Vater bei den alltäglichen Arbeiten unterstützte. Sie fühlte sich in dem Haus ebenfalls nicht mehr wohl und hörte ständig diese Geräusche. Wir mussten dem Spuk also ein Ende setzen.

Aber als wir vor der Tür standen, war es keinem mehr so richtig wohl. Im Hausinnern überkam mich eine sehr eigenartige Energie, doch wenn ich realistisch bin, muss ich einräumen, dass vielleicht auch meine Einbildungskraft verrückt spielte. Wir schlugen unser Lager in der Küche auf. In der Wohnung vernahmen wir keine Klopfgeräusche, und ich entspannte mich schnell. »Die waren wohl ein bisschen hysterisch«, dachte ich insgeheim.

Trotzdem wollten wir alles ausräuchern und ein bisschen heiliges Wasser verspritzen. Schaden konnte es ja nicht. Außerdem stellten wir in jeden Raum ein Gefäß mit Salmiakgeist auf. Puh, wer schon mal Salmiakgeist gerochen hat, weiß, warum sich da sogar Geister einen anderen Ort für ihren Spuk suchen. Salmiakgeist riecht einfach ekelhaft. Als wir unten alles ausgeräuchert hatten, begab ich mich mit dem Weihrauchgefäß in den oberen Stock. Ich ging von Raum zu Raum, und auf einmal sah ich aus dem Augenwinkel einen dunklen Schatten.

Als ich aber hinschaute, konnte ich nichts wahrnehmen. Trotzdem hatte ich ein eigenartiges Gefühl. Plötzlich vernahm ich Klopfgeräusche aus dem Raum nebenan, und ein gerahmtes Foto fiel plötzlich von der Wand. Liebe Leser, ich bin noch nie so schnell eine Treppe hinuntergelaufen! Ich kann gut verstehen, wenn Menschen in Häusern, in denen es spukt, vor Angst die Treppe hinunterfallen und sich alle Knochen brechen, und dann glauben, ein Geist hätte sie geschubst.

Als ich unten ankam, konnten sich die beiden Frauen ein Lachen nicht verkneifen. Doch auch sie hatten das Poltern gehört. Wir gingen zu dritt nach oben und versuchten herauszufinden, woher das Klopfgeräusch genau kam, doch es gelang uns nicht. Wir räucherten alles aus, und Rahels Mutter betrachtete verwundert das Foto, das nun am Boden lag: »Seltsam, auf dem Foto ist mein Onkel zu sehen.« Wir dachten uns nichts dabei und stellten auch oben in jeden Raum ein Gefäß mit Salmiakgeist auf. Ich war davon überzeugt, dass der Gestank das Haus von allem Bösen reinigen würde.

Da Rahels Großvater erst am Abend des folgenden Tages zurückerwartet wurde, beschlossen wir, die Gefäße über Nacht stehen zu lassen und am nächsten Tag wiederzukommen. Ehrlich gesagt, war es mir ganz recht, dass wir das Haus wieder verließen, denn ich fühlte mich dort nicht mehr wohl. Anfangs hatte ich gedacht, Rahel übertreibe, als sie mir von den Klopfgeräuschen erzählte, doch ich wurde eines Besseren belehrt.

Ich ging an diesem Tag noch mit Panda im Wald spazieren und dachte die ganze Zeit über den Vorfall im Haus nach. Bildete ich mir das vielleicht alles nur ein? Nein, definitiv nicht. Ich fragte Zoey, ob die Geister das Haus schon verlassen hätten und ob Ruhe einkehren werde.

Zoey antwortete: »Nein, der Geist ist noch nicht aus dem Haus verschwunden. Warum sollte er auch? Es ist ein verstorbener Familienangehöriger, der etwas Wichtiges mitteilen möchte, und deshalb macht er auf sich aufmerksam.«

»Aha«, dachte ich, »jetzt wird die Sache spannend. Es geht um einen Geist, der keine Ruhe findet, der nicht ins Licht gehen kann, so wie man immer wieder mal in Büchern liest. Jetzt verstehe ich.«

»Nein«, meinte Zoey, »das stimmt so nicht. Diese Seele ist im Licht! Wo sollte sie sonst sein? Es gibt nur Licht! Es gibt keine Dunkelheit im Jenseits, das sind falsche Glaubensmuster, die verbreitet werden. Dieser Irrglaube kann sich nur halten, weil gewisse Medien einfach noch Strukturen im Kopf haben und es deshalb nur so wahrnehmen können. Meinst du, dass die Menschen, die daran glauben, dass man Geistwesen ins Licht schicken kann, wirklich entscheiden könnten, wer ins Licht kommt und wer nicht? Schließlich sind sie nicht Gott. Oder kannst du entscheiden, wer ins Licht darf und wer nicht? Bist du der Richter? Wohl nicht, und Gott ist ein Gott der Liebe, es gibt keine Stufen für gute Seelen und Stufen für weniger gute Seelen. Das ist nicht so. Es ist nur so lange so, wie du diese Glaubensstruktur in dir trägst. Du kannst diese Seele vielleicht im weitesten Sinn ins Licht führen, indem du ihr hilfst, ihre Botschaft an die Hinterbliebenen weiterzugeben. Dadurch wird es ihr besser gehen. Doch sie ist ohnehin im Licht und wird ihren Weg gehen können. Glaub mir, mein Freund, wir Geistführer und Engel haben bessere Möglichkeiten als das beste Medium der Welt, um die verstorbenen Seelen, die hier ankommen, zu führen und ihnen dabei zu helfen, sich wieder zurechtzufinden. Glaub nicht alles, was du in Büchern liest. Vieles ist falsch oder wurde einfach falsch verstanden, mach deine Erfahrungen, nur so wirst du lernen. Viel Spaß dabei.«

Für mich war das damals eine sehr wichtige Botschaft. Ich fand, dass Zoey recht hatte und wollte herausfinden, was es mit dem Spuk im Haus von Rahels Großvater auf sich hatte. Ich ging mit Panda im Wald an ein bestimmtes Plätzchen, wo ich meditieren konnte. In der Meditation verband ich mich mit dem Haus und fühlte mich hinein. Auf einmal hatte ich Kontakt mit einer verstorbenen Person. Ich erkannte sie wieder, es war dieselbe wie auf dem Foto, das heruntergefallen war. Also der Onkel von Rahels Mutter!

»Ja, klar«, schoss es mir durch den Kopf, »warum bin ich da nicht gleich drauf gekommen!« Ich nahm medial Kontakt mit dem Onkel auf und fragte ihn, was er wolle.

»Sag ihnen, dass es mir gut geht. Ich bin an einem schönen Ort und nicht dort, wo sie denken. Sag ihnen das«, bat mich der Onkel.

Ich verstand nicht und fragte: »Kannst du mir genauer erklären, was du meinst? Was heißt das, du bist nicht dort, wo sie denken?«

»Sag ihnen bitte einfach das, was ich gesagt habe. Es geht mir gut und es tut mir leid. Ich bin im Himmel.«

Der Kontakt brach ab. Ich verstand die Botschaft überhaupt nicht und überlegte ernsthaft, ob ich Rahel und ihrer Mutter etwas davon erzählen sollte. Zudem erschien sie mir unwichtig, und ich befürchtete, dass sie auch nichts damit anfangen könnten. Doch es kam alles ganz anders.

Am nächsten Tag trafen wir uns zu Hause bei Rahel. Zuerst tranken wir einen Tee, und bei dieser Gelegenheit erzählte ich den beiden, was ich medial empfangen hatte. Was dann passierte, war unglaublich für mich. Die Mutter begann zu weinen: »Mein Onkel hat sich vor Jahren das Leben genommen. Wir haben nie darüber gesprochen. Mein Vater machte sich aber große Sorgen um seinen Bruder, da er davon ausgeht, dass Selbstmörder in die Hölle kommen. Das meinte er, als er sagte, er sei im Himmel. Wir haben uns ständig Sorgen gemacht, wie es ihm wohl geht und ob er wirklich in einer Art Hölle ist.«

Eine unglaubliche Geschichte. Der Onkel hatte sich durch Spuk bemerkbar gemacht, um den Hinterbliebenen zu sagen, dass es ihm gut gehe. Die Klopfgeräusche waren von da an verschwunden. Man sieht an diesem Beispiel auch, wie beängstigend die Situation für uns war. Ich war ja zum ersten Mal in einem Spukhaus. Doch wie sich herausstellte, war dort kein ›böser‹ Geist am Werk, sondern einfach jemand, der noch etwas mitteilen wollte.

Ein anderes häufiges Phänomen ist die Imprägnierung von Orten. Ein besseres Wort als Imprägnierung fällt mir dafür nicht ein. Man muss sich das so vorstellen: Alle Dinge, vor allem sehr schöne oder sehr schlimme, werden an dem Ort abgespeichert, an dem sie sich ereignet haben. Da alles Energie ist und Energie sich bekanntlich nicht in Nichts auflösen kann, bleibt sie an diesem Ort immer erhalten. Je intensiver das Ereignis war, egal ob positiv oder negativ, desto besser kann man es wahrnehmen. Leider wird dies von einigen Medien häufig verwechselt und nicht als Imprägnierung erkannt. Angenommen, es wird auf einem Kriegsschauplatz ein Haus gebaut. Ein hellsichtiges Medium kann an dieser Stelle den Krieg und vielleicht auch die Opfer wahrnehmen. Jetzt machen viele Medien den Fehler und sagen: »Dort gibt es viele Seelen, die nicht im Licht sind oder noch herumirren.« Das ist meiner Meinung nach falsch. Das Einzige, was die Medien dort wahrnehmen, ist das Ereignis, das eine gewisse Zeit oder einige hundert Jahre zurückliegt, aber die Seelen irren dort bestimmt nicht mehr umher.

Ich möchte noch ein weiteres Beispiel für eine andere Art von Imprägnierung anführen. Als ich eines Abends bei Sibylle war, und wir vor dem Schlafen gemeinsam meditierten, sah ich plötzlich Hühner. Das fand ich sehr eigenartig, da ich eine Lichtmeditation machte, bei der unerwartet ein Hühnerstall auftauchte. Ich kam aus der Meditation zurück und versuchte, dem Phänomen bei normalem ›Bewusstsein‹ auf die Spur zu kommen, da ich die Hühner sehr deutlich wahrgenommen hatte. Auch hellsichtig konnte ich jetzt überall Hühner wahrnehmen, und im Wohnzimmer sah ich Kühe. Diesmal überlegte ich wirklich sehr lange, ob ich jemandem davon erzählen sollte, denn nach dem Zwischenfall mit Sibylles

Großmutter wollte ich nicht schon wieder für Aufsehen in der Familie sorgen. Doch Sibylle hatte ganz genau bemerkt, dass mich etwas beschäftigte, und fragte mich, ob alles in Ordnung sei. Ich rückte also damit heraus, worauf sie grinsend meinte: »Oje, jetzt haben wir auch noch Hühner und Kühe in der Wohnung! Was du nicht alles siehst!«

Ich räumte ein, dass es wohl einfach nur Gedanken waren, und sie sich nicht den Kopf darüber zerbrechen solle, doch dann fiel ihr etwas ein: »Warte mal, ich glaube, unser Haus war früher ein Bauernhaus und da, wo jetzt unsere Wohnung ist, war der Stall. Komm, wir fragen meine Mutter.«

Diese fragte: »Warum wollt ihr das wissen? Sibylles Schlafzimmer war früher der Hühnerstall, und unser Wohnzimmer war der Kuhstall!«

Dieser Fall ist für mich ein klares Phänomen von Imprägnierung. Es hätte auch gut sein können, dass man beispielsweise den Bauer beim Kühemelken sah. Oder angenommen, im Stall wäre jemand umgebracht worden, dann hätte ein gutes Medium den Mord sehen können. Doch ganz wichtig ist, dass ich die Energie dieses Ortes sah und damit auch das, was sich früher dort befunden hatte. Die Seelen der Kühe und der Hühner sind nicht mehr dort, sie sind »im Licht, im Himmel«.

Hier nochmals kurz eine Zusammenfassung, damit man den Unterschied besser versteht: Die meisten Spukphänomene werden durch lebende Personen verursacht. Unbewusst aktivieren sie paranormale Fähigkeiten, die durch emotionale Krisen zutage treten. Ist die verursachende Person längere Zeit nicht anwesend oder nicht zu Hause, treten auch keine übersinnlichen Phänomene mehr auf. Das ist die häufigste Art von Spuk, der eigentlich kein Spuk ist, da kein verstorbenes Geistwesen daran beteiligt ist. Die andere, aber viel seltenere Variante ist, dass wirklich eine Person aus dem Jenseits für die Spukphänomene verantwortlich ist. Doch sie führt nichts Böses im Schild, sondern möchte den Hinterbliebenen meist nur mitteilen, dass sie noch ›lebt‹, wenn auch in einer anderen Form. Manchmal hat der Betreffende noch eine Mitteilung für die Hinterbliebenen, um auf sich aufmerksam zu machen. Diese Phänomene können natürlich Angst machen, aber sie sind von der geistigen Welt nie böse gemeint. Mir ist kein Fall bekannt, wo ein Mensch wirklich durch Einflüsse der geistigen Welt zu Schaden gekommen wäre.

Die letzte mir bekannte Variante ist die Imprägnierung von Orten. Wenn beispielsweise ein Mord an einer Stelle im Wald geschehen ist, kann das Medium ihn noch Jahre später dort wahrnehmen. Auf diese Weise werden viele Mordfälle aufgeklärt. Es gibt Länder, in denen der Einsatz von Hellsehern schon fast normal ist. Unglaublich, aber wahr. Das FBI und die CIA setzen Hellseher und Medien ein, auch Hitler hat es im Zweiten Weltkrieg getan. Davon erfährt die breite Öffentlichkeit natürlich nichts.

Bei einer Imprägnierung kann das Medium auch Personen wahrnehmen und dann irrtümlich annehmen, dass es sich dabei um eine Seele handelt. Es ist aber lediglich eine »Energie«, die noch an diesem Ort ist. Man muss sich das wie bei einem PC vorstellen. Die Energie sind die Daten auf einer Diskette. Das Medium ist das Laufwerk, das die Daten/Energien liest und auswertet.

Wenn beispielsweise in einem Raum ein Streit stattgefunden hat, spürt man die Energie dort noch lange. Auch wenn ein Mensch krank oder sehr depressiv ist, kann man dies im Raum hellsichtig feststellen. Auch wenn der Betreffende nicht anwesend ist oder sich schon länger nicht mehr in diesem Haus aufgehalten hat. Deswegen ist es von Vorteil, eine Wohnung energetisch zu reinigen, bevor man sie bezieht.

Es ist ohnehin sinnvoll, die Wohnung ab und zu energetisch zu reinigen. Ich habe selbst einmal sehr eindrücklich erlebt, wie stark etwa ›depressive Trauerenergie‹ wirken kann. Irene und ich waren noch nicht lange zusammen, da beschlossen wir, gemeinsam in Urlaub zu fahren. Wir mieteten uns ein schönes, etwas abgelegenes Häuschen im Tessin. Nach sechs Jahren machte ich endlich wieder einmal Urlaub und war auch noch frisch verliebt. Wir hatten uns vorgenommen, jeden Tag mediale Übungen zu machen und zu meditieren, und ich wollte dieses Buch fertig schreiben. Als wir dort ankamen, waren wir überwältigt von der Schönheit der Gegend, die wir ausgesucht hatten.

Die Besitzerin des Hauses begrüßte uns und erklärte: »Ich habe ja sonst nichts mit der Vermietung der Wohnung zu tun, aber die Person, die für die Verwaltung zuständig ist, ist im Urlaub.« Diesen Satz fand ich eigenartig, aber eigentlich war es mir egal, denn ich hatte Urlaub! Als die Besitzerin gegangen war, wunderte sich Irene:

»Die war aber sehr sonderbar! Ich hatte ein ganz komisches Gefühl! Sie war zwar sehr nett, aber irgendwas stimmt mit ihr nicht. Ich hatte den Eindruck, als wollte sie mit der Wohnung gar nichts zu tun haben.«

Mir fiel wirklich nichts auf. Meine Medialität war auf Urlaub eingestellt! Aber kaum hielten wir uns zwei Stunden im Haus auf, gerieten wir schon in Streit. Das ist sehr seltsam, wenn man frisch verliebt ist, oder nicht? Sobald wir draußen waren, ging es wieder gut. Ich war auf einmal auch so traurig und wusste gar nicht warum. Irene war immer ein bisschen depressiv. Kaum waren wir in der Wohnung, stritten wir uns wegen Kleinigkeiten. Waren wir draußen oder unterwegs, waren wir frisch verliebt.

Am dritten Tag fiel uns das auf, und Irene beharrte: »Tut mir leid, aber mit dem Haus stimmt etwas nicht.« Diesmal glaubte ich ihr sofort, da mir auch aufgefallen war, dass ich mich verändert hatte.

»Ich finde die Bilder an den Wänden sehr eigenartig. Überall derselbe Typ mit seinem Pferd drauf«, stellte ich fest. Die Bilder zeigten einen Jockey.

»Ja, die Bilder finde ich auch sehr schräg«, stimmte Irene zu. »Komm, lass uns mal unabhängig voneinander medial überprüfen, was hier passiert ist und anschließend unsere Ergebnisse vergleichen. Der Grund für unsere schlechte Laune muss hier zu finden sein, denn wenn wir uns nicht hier aufhalten, ist alles in Ordnung.«

Das hielt ich für eine gute Idee, und so erstellten wir unabhängig voneinander ein Profil dieses Ortes. Es war spannend, was wir herausfanden. Ich hatte Kontakt mit einer verstorbenen Seele, die sich als der Sohn des Wohnungsbesitzers ausgab und mir erzählte, er sei bei einem Unfall ums Leben gekommen, und seine Eltern hätten sich deswegen große Vorwürfe gemacht. Sie seien sehr depressiv. Er habe früher in diesem Teil des Hauses gewohnt, doch es sei später umgebaut worden.

Irene hatte Ähnliches erlebt: »Ich habe keinen Kontakt ins Jenseits gehabt, sondern sensitiv gearbeitet und dabei die Energie des Ortes, die Imprägnierung gelesen und ähnliche Dinge gesehen. Ich habe gesehen, dass ein Mann – rein gefühlsmäßig würde ich auch sagen, dass es der Sohn der Besitzerin war – bei einem Reitunfall ums Leben kam. Er stürzte auf den Kopf und war sofort tot. Ich habe außerdem wahrgenommen, dass er mit seiner Familie hier gewohnt hat und eine Tochter hatte. Seine Eltern versuchen, seinen Tod zu verdrängen, und deswegen ist diese depressive Trauer überall zu spüren. Sie haben seinen Tod nicht verarbeitet. Ist doch seltsam, wie sehr sich unsere Wahrnehmung deckt.«

Das erstaunte mich auch. Im Korridor fiel uns dann noch eine Tür auf. Die Vermieterin hatte gesagt, die gehöre nicht zur Wohnung. Ich fand die Tür sehr merkwürdig und Irene auch. Sie ging hin und öffnete sie. Die Tür war unverschlossen, und dahinter befand sich ein kleiner Raum, ein Kinderzimmer. An der Wand hingen Zeichnungen, die mit ›Sandra‹ signiert waren. Wir nahmen an, dass Sandra die Tochter des Reiters war.

Wir konnten nicht überprüfen, ob die Geschichte stimmte, da wir am nächsten Tag verfrüht abreisten und auch die Vermieterin nicht fragen wollten. Dennoch glaube ich, dass vieles genau so war, da wir es unabhängig voneinander wahrgenommen hatten. Für mich war aber entscheidender, dass die Trauer der Eltern in dieser Wohnung noch so spürbar war, dass selbst Mieter sehr starke Stimmungsschwankungen erlebten und die Depressionen spürten.

Eine andere Art von Imprägnierung erlebte ich im Jahr 2001. Ich fuhr mit Sandra eine Straße entlang. Auf einmal bekam ich richtig Panik und befahl ihr: »Fahr sofort langsamer! Mach schon!«

Sie erschrak so, dass sie sofort auf die Bremse trat, es war kurz vor einer Kurve. Ich empfand sehr große Angst und bekam das Gefühl, dass an dieser Stelle ein Unfall stattgefunden haben musste. Als wir um die Kurve fuhren, sahen wir Kerzen und Blumen am Straßenrand. Ich kannte diese Strecke bisher nicht. Am nächsten Tag las ich in der Zeitung, dass es dort nur wenige Stunden vorher einen schweren Autounfall gegeben hatte und diese Stelle schon immer sehr unfallträchtig war. Da ich keine Geistwesen wahrgenommen hatte, sondern nur die Gefühle von einem Unfall, würde ich diesen Fall auch als Imprägnierung bezeichnen.

Ich hoffe, ich habe mit diesem Kapitel nicht für noch mehr Verwirrung gesorgt, sondern dazu beigetragen, dass der eine oder andere von euch den Unterschied jetzt besser verstehen kann.

Hilfe aus der geistigen Welt

Ich habe schon in zahlreichen Situationen erleben dürfen, wie die geistige Welt uns beisteht. Für mich ist es immer wieder erstaunlich, dass sie uns manchmal bei ganz alltäglichen Dingen hilft. Im Jahr 2004 bekam ich einen Anruf von einem Castingbüro, das mich zu einem Vorstellungsgespräch zwei Tage später einlud. Ab und zu arbeite ich nämlich noch als Schauspieler. Bei einem Casting werden mehrere Schauspieler für die zu besetzende Rolle getestet. Ich hatte eigentlich gar keine Lust, wegen dieses Termins extra nach Zürich zu fahren. In den allermeisten Fällen hört man nachher nämlich nichts mehr von diesen Castingbüros. Ich murmelte so vor mich hin: »Hm, cool wäre es schon, wenn ich noch am gleichen Tag ein Castingangebot in Zürich bekäme.«

Die Chancen dafür stehen gleich null, denn pro Jahr wird man vielleicht zu vier oder fünf Castings eingeladen, die noch dazu an allen möglichen Orten der Welt stattfinden. Doch etwa eine halbe Stunde später rief mich mein Manager an und drängte: »Pascal, du musst in zwei Tagen nach Zürich, du hast ein Casting für einen Werbespot. Keine Ahnung, wie die auf dich gekommen sind, ich habe ihnen deine Unterlagen nie geschickt, du etwa?«

»Nein, habe ich nicht«, wunderte ich mich. Mir war es egal, denn jetzt musste ich wenigstens nicht nur wegen eines einzigen Termins nach Zürich fahren. Mir kam das schon ein bisschen komisch vor, da ich bis heute nicht weiß, wie das zweite Castingbüro an meine Unterlagen kam. Jedenfalls fuhr ich nach Zürich, und schon im Zug meldete sich ein Verstorbener bei mir, der mir bei den Castings helfen wollte. Ich fand das sehr eigenartig, aber auch lustig, und fragte ihn, wie er das anstellen wolle. Außerdem hätte ich nur ein Casting und müsse mich beim anderen Büro nur vorstellen.

Der Verstorbene stellte sich daraufhin vor: »Ich heiße Jean und war im 18. Jahrhundert selbst Schauspieler. Ich will dir ein paar Tipps geben. Außerdem wirst du heute zwei Castings haben.«

»Das kann nicht sein, Jean, ich habe nur eines und einen Vorstellungstermin! Aber Moment mal, im 18. Jahrhundert gab es doch noch gar keine Castings! Wie willst du mir helfen?«

»Vertrau mir einfach!«

Also ließ ich mir von Jean ein paar nützliche Tipps geben, die mir auch einleuchteten. Außerdem war es für mich ein netter Zeitvertreib auf der Zugfahrt nach Zürich.

Im Castingbüro wollte ich eigentlich nur schnell meine Unterlagen abgeben und mich vorstellen, doch die Dame am Empfang kam mir zuvor: »Ach, gut, dass du da bist. Wir suchen noch einen Schauspieler, und ich glaube, du wärst die geeignete Person. Hier ist der Text, lern ihn schnell, und wenn die Regisseurin kommt, kannst du gleich vorsprechen. Rauch eine Zigarette und trink einen Kaffee, ich hole dich in zehn Minuten.«

Mir blieb der Mund offen stehen. Da hatte ich mein zweites Casting, so wie Jean gesagt hatte. Ich setzte mich an einen Tisch und überflog die acht DIN-A4-Blätter mit dem Text. Wie sollte ich das alles in so kurzer Zeit auswendig lernen? Da meldete sich Jean wieder zu Wort:

»Lerne nur das Wichtigste, du kannst improvisieren, du musst nur wissen, worum es im Text geht.«

Ich ging das Risiko ein, da er ja schon einmal recht gehabt hatte, und lernte einfach die wichtigsten Passagen. Zehn Minuten später holte mich die Empfangsdame ab und stellte mich der Regisseurin vor. Dann ging's sofort los.

»Improvisieren Sie einfach, wenn Sie den Text vergessen«, ermunterte sie mich. Das ließ ich mir nicht zweimal sagen. Nach fünf Minuten wurde ich entlassen. Ich hatte kein gutes Gefühl bei der Sache, doch Jean fand, mein Auftritt sei in Ordnung gewesen.

»Der hat gut reden«, dachte ich mir und machte mich auf den Weg zum nächsten Casting. Dort erfuhr ich, dass nur eine Rolle besetzt werden sollte, und zwar die Hauptrolle für einen Werbespot. Es waren aber ungefähr achtzig andere Schauspieler gekommen. »Na, wunderbar«, dachte ich, »da habe ich ja sowieso keine Chancen.«

Jean widersprach: »Komm, Junge, nimm es locker, das wird schon. Setz dich ja nicht unter Druck! Sei einfach so, wie du bist. Deine schlechte Laune hilft dir beim Casting, lass sie zu und versuche nicht, anders zu sein, als du im Moment bist.«

Ich verstand nicht, was er meinte, aber ich hatte mittlerweile sowieso keine große Lust mehr auf ein Casting.

Die Aufgabe, die mir gestellt wurde, erschien mir ziemlich unsinnig: Ich musste mich vor einen Spiegel stellen und so tun, als würde ich gleich zu einer Verabredung gehen. Ich tat, was das Casting-Team von mir verlangte, und wurde dann entlassen. Ich machte mir weder auf den einen noch auf den anderen Job große Hoffnungen. Trotzdem bedankte ich mich bei Jean und verabschiedete mich von ihm. Er lachte und meinte: »Hat doch Spaß gemacht, der Tag heute!«

»Na ja, dir vielleicht!«, dachte ich.

Am nächsten Tag rief mein Manager an. »Junge, ich weiß nicht, wie du das gemacht hast, aber du hast beide Rollen bekommen. Die vom Werbespot waren absolut begeistert, wie schüchtern du warst und wie lustlos du gespielt hast, dass du diese Verabredung hast. Genau das haben sie gesucht. Ein schüchterner Junge, der Angst vor Frauen hat. Der in seiner eigenen Welt lebt. Super! Auch beim anderen Casting waren sie sehr zufrieden mit dir, da du so spontan improvisiert und einfach Text weggelassen, aber alles Wichtige gespielt hast. Super! Junge, das gibt eine Menge Kohle!«

Ich legte auf und bedankte mich nochmals bei Jean. Für mich war das unglaublich. Leider begleitet mich Jean seitdem nicht mehr zu Castings. »Jean, wo bist du?!«

Und noch ein Beweis dafür, dass uns die geistige Welt immer hilfreich zur Seite steht: Ich musste ein neues Programm für meinen Online-Shop erstellen, weil etwas nicht mehr funktionierte. Dummerweise war mein Webmaster im Urlaub, und ich konnte ihn nicht erreichen. Es war zum Verzweifeln! Ich hatte so gut wie keine Ahnung und kämpfte mich durch das Handbuch des Shop-Programms. Mir fiel beim besten Willen keine Lösung ein, und ich ließ einen Schwall Schimpfwörter vom Stapel.

Während ich auf meinen Laptop starrte, meldete sich plötzlich eine Stimme aus der geistigen Welt. Wer es war, weiß ich leider nicht, doch die Person gab mir präzise Angaben, wie ich den Quellcode des HTML-Textes zu verändern hatte. Lieber Leser, falls du jetzt nicht weißt, wovon ich spreche, macht das nichts! Ich verstand es nämlich auch nicht, aber es gelang mir mühelos, das Problem zu lösen, weil ich mich einfach an die Angaben aus der geistigen Welt hielt.

Mein Webmaster staunte nicht schlecht, aber ich verriet ihm nie, wie ich auf die Lösung gekommen war. Das hört sich jetzt an, als könnte ich immer jemanden aus der geistigen Welt fragen, wenn ich ein Problem habe, und irgendjemand liefert mir die Lösung. Leider ist das nicht so, aber ab und zu erweist es sich doch als sehr hilfreich, wenn man die Freunde im Jenseits wahrnehmen kann.

Mein Vater hilft mir zum Beispiel oft, wenn ich meine Schlüssel oder andere Dinge verlege oder kurz vor dem Verlassen des Hauses drinnen etwas vergessen habe. Hin und wieder verrät er mir dann, wo ich die verschwundenen Gegenstände finde oder dass ich etwas Wichtiges vergessen habe. Aber auch das leider nicht immer.

Pablo rief mich auch schon an, eher spaßeshalber, weil er seinen Wohnungsschlüssel nicht mehr fand.

»Hallo, mein alter Hellseher! Alles klar bei dir?«

»Bei mir schon, und bei dir?«

»Ich finde meine blöden Schlüssel nicht mehr! Sag mir doch, mein Starhellseher, wo sie sind!«

»Oh, ich sehe beim Eingang eine Holzkommode mit drei Schubladen.«

»Woher weißt du von der Kommode? Die haben wir erst gestern gekauft. Aber in den Schubladen ist er nicht, da habe ich schon geschaut.«

»Ich habe ja nicht gesagt, dass er in der Schublade ist, sondern nur, dass ich eine Holzkommode mit drei Schubladen sehe. Der Schlüssel ist hinter der Kommode, er ist hinuntergefallen.«

»Ja klar! Und ich bin der Papst!«

»Schau wenigstens mal nach, jetzt bin ich neugierig!«

»Oh Mann, Alter! Die waren wirklich dort! Woher weißt du das?«

»Ich bin Hellseher, schon vergessen? Ich wünsche dem Papst aber noch einen schönen Tag und bis bald.«

Allerdings habe ich in Pablos Fall keine Hilfe aus der geistigen Welt in Anspruch genommen, sondern einfach hellsichtig nachgeschaut.

Verlorene Gegenstände zu finden, ist eine spannende Sache, die ein Medium perfektionieren und trainieren kann, wenn es das möchte. Ich habe es bis heute nicht gemacht, weil ich es nicht so sinnvoll finde. Aber ein paar Erfolge konnte ich bislang schon verzeichnen.

Einmal rief mich jemand an, weil sein Hund verschwunden war, und wollte von mir wissen, wo er war. Ich hatte zwar noch nie nach einem Hund gesucht, wollte es aber einmal probieren, zumal ich selbst einen Hund habe und es mir das Herz brechen würde, wenn er weg wäre.

Ich verband mich geistig mit dem Tier (ob Tierkommentatoren das auch machen, weiß ich nicht.) Dann beschrieb ich den Besitzern, wo sie ihren Hund verloren hatten. Ich sah einen Wald, und dort war ihnen das Tier weggelaufen. Das konnten sie bestätigen.

»Auf der anderen Seite des Waldes müsste ein neuer Kanton anfangen, und es müsste dort ein kleines Dorf geben, wo ihn eine ältere Frau gefunden hat. Sie wird ihn morgen zurückbringen. Melden Sie es der Polizei, damit sie ihr sagen kann, wo ein Hund vermisst wird. Können Sie das mit dem neuen Kanton und dem Dorf verstehen?«

Der Mann kannte sich in dieser Gegend nicht aus, da er nur Urlaub dort machte. Ich bat ihn, mich nochmals anzurufen, wenn er seinen Hund wiederhabe. Das tat er schon am folgenden Tag und gestand:

»Ich muss mich bei Ihnen entschuldigen. Ich hielt Sie gestern für einen absoluten Spinner, aber die Cousine meiner Frau meinte, ich solle Sie anrufen. Gestern nach unserem Telefonat dachte ich nur, zum Glück war Ihre Auskunft wenigstens kostenlos. Aber das Unglaubliche war, ich rief tatsächlich die Polizei an und meldete unseren Hund als vermisst. Ich fragte, ob es auf der anderen Seite des Waldes ein Dorf gebe, und einer der Polizisten bestätigte es und fügte hinzu, es liege bereits im Kanton Graubünden. Da war ich ein bisschen überrascht und fragte mich, ob Sie vielleicht doch recht hatten. Jedenfalls kam am nächsten Tag ein älterer Mann zu uns ins Hotel und übergab mir den Hund. Unglaublich! Ich danke Ihnen vielmals.«

Auch ich konnte es kaum glauben, wenn auch ein Mann den Hund zurückbrachte und nicht eine Frau, aber ich hatte ja nur gesehen, dass eine Frau ihn *gefunden* hatte. Vielleicht war es so. Leider konnte ich das nicht herausfinden.

Auch bei einer verschwundenen Katze ist es mir schon gelungen, den Ort sehr genau zu beschreiben. Leider ist es bei entlaufenen Tieren nicht immer einfach, da sie ständig in Bewegung sind und nicht irgendwo sitzen bleiben, bis sie abgeholt werden. Die Besitzerin der Katze fand tatsächlich den Ort, den ich ihr beschrieben hatte, aber die Katze war nicht mehr dort. Ich hatte ihr aber auch gesagt, dass das Tier eine Woche später von allein zurückkommen würde. Nach anderthalb Wochen war die Katze wieder zu Hause.

Ein andermal rief mich eine Katzenbesitzerin an und wollte wissen, wo ihre Katze sei. Ich fühlte sofort, dass das Tier nicht mehr lebte. Das konnte ich der Besitzerin aber nicht sagen, da ich mir nicht ganz sicher war. Das sind die unangenehmen Momente, in denen ich nicht weiß, was ich tun soll und was richtig ist. Jedenfalls sagte ich nichts, sondern redete mich darauf hinaus, dass ich für solche Fälle nicht ausgebildet sei. Ein Jahr später traf ich die Frau zufällig und fragte sie nach ihrer Katze. Das Tier war bisher nicht wieder aufgetaucht, obwohl die Besitzerin alles unternommen hatte, um sie zu finden.

Doch wieder zurück zur geistigen Welt. Oft hilft sie auch, ohne dass ich es bewusst wahrnehme. Sie inspiriert mich einfach. Häufig geschieht das bei Seminaren oder Vorträgen. Meistens habe ich kein Konzept, sondern verlasse mich auf das, was mir die geistige Welt mitteilt, und halte dann ganz spontan meinen Vortrag oder mein Seminar. Bis jetzt war es immer so, dass mir die richtigen Dinge in den Sinn kamen, und ich sie einfach aussprach. Im Gespräch mit anderen Menschen kommen mir auch oft Geschichten in den Sinn, die ich selbst erlebt oder gehört habe und dann manchmal sehr ›naiv‹ weitererzähle. Nicht selten reagieren die Menschen darauf mit Worten wie: »Das hat mir jetzt sehr geholfen! Sie haben da gerade ein Problem für mich gelöst.«

Das kommt vor allem in Fällen vor, wenn die betreffende Person nicht weiß, dass ich als Medium arbeite. Manchmal weiß ich selbst nicht, warum ich etwas erzähle, da ich bei den Menschen auch nicht immer alles sehe. Ich vertraue einfach darauf, dass es schon einen Grund geben wird, wenn ich von der geistigen Welt inspiriert werde.

Lieber Leser, die Inspiration aus der geistigen Welt ist eine gute Übung, die ich dir ans Herz legen möchte. Wenn du mal Probleme oder Sorgen hast, dann setz dich ruhig hin und verbinde dich in Gedanken mit einem Wesen aus der geistigen Welt, egal ob mit einem Schutzengel, Geistführer, mit Jesus oder Gott. Verbinde dich einfach in Gedanken, bitte ihn, dich zu unterstützen und dir eine Lösung aufzuzeigen. Leg vorher ein Blatt Papier und einen Stift zurecht, und schreibe mit offenen oder geschlossenen Augen alles auf, was dir durch den Kopf geht. Versuche aber nicht, vom Kopf her zu schreiben, sondern ›lass schreiben‹. Am Anfang ist das schwer. Aber du musst den Kopf ausschalten, nicht darüber nachdenken, was du schreibst oder ob das, was du zu Papier bringst, intelligent oder richtig ist. Schreib einfach drauflos und lies den Text erst am Schluss durch. Lass dir aber 20–30 Minuten Zeit. Danach wirst du mit Sicherheit eine Lösung gefunden haben.

Mach das immer mal wieder, vor allem in Zeiten, wo du keine großen Probleme hast. Dann ist es einfacher. Mit der Zeit hilft dir diese Methode auch bei großen Problemen. Du kannst dich auch zum Zeichnen oder Gedichteschreiben inspirieren lassen. Ich bin mir fast sicher, dass beispielsweise Genies wie Mozart von der geistigen Welt inspiriert wurden, auch viele Buchautoren. Es macht Spaß und ist ein tolles Hilfsmittel, um mit seinem geistigen Team zu kommunizieren.

Außerdem empfehle ich jedem Leser, ein Tagebuch zu führen oder jeden Tag ein bisschen zu malen. Dabei ist es nicht wichtig, gut zu malen. Schreib ins Tagebuch den ganzen Müll, den du tagsüber erlebt hast, aber vergiss nicht, zum Schluss immer mindestens eine halbe Seite mit positiven Dingen zu füllen. Mit Malen und Schreiben sorgst du nämlich für Psychohygiene, reinigst deine Gedanken und wirst frei. Und irgendwann sind alle Psychiater und Lebensberater arbeitslos.

Tipps und mediale Übungen

Oft werde ich gefragt, ob jeder ein Medium werden kann. Meine Antwort darauf ist ein klares Ja. Jeder. So wie jeder Klavierspielen lernen kann. Aber nicht jeder ist eben ein Mozart. Angeborene Fähigkeiten sind bestimmt hilfreich, doch nicht zwingend notwendig. Wichtiger sind meiner Meinung nach Liebe, Durchhaltevermögen, Üben, Disziplin, nochmals Üben, noch mehr Durchhaltevermögen und nochmals Üben. Wer schnell als Medium arbeiten und viel Geld verdienen will, den muss ich enttäuschen. Das ist nicht leicht, und ich halte es auch nicht für sinnvoll. Um davon leben zu können, muss man seine Fähigkeiten wirklich sehr gut ausgebildet haben, und nur wenn man gut ist, hat man genug zu tun.

Aber lassen wir das. Ich will dir, liebet Leser, ein paar Übungen und Tricks für den Hausgebrauch zeigen, und wenn du den Beruf des Mediums erlernen möchtest, mach eine mehrjährige Schulausbildung. Eine einfache, aber wundervolle und auch lustige Übung ist »Farben und Zahlen raten«. Ich habe die Übung oft mit Sibylle gemacht. Einer denkt sich eine Zahl oder Farbe aus und denkt fest an diese, der andere muss sie erraten. Nimm am Anfang nur die Zahlen von 1–10 oder von 10–20 und erweitere immer mehr. Bei den Farben würde ich mich an die sieben Regenbogenfarben halten: Gelb, Blau, Rot,

Grün, Rosa, Violett und Orange. Gib nicht gleich auf, wenn es bei den ersten hundert Versuchen nicht auf Anhieb klappt. Denk daran: Üben, üben, üben! Und bevor ich es vergesse: nochmals üben! Außerdem war Sibylle bei dieser Übung meistens viel besser als ich, falls das jemanden tröstet. Du wirst merken, es gibt Tage, an denen es besser geht, und Tage, da geht gar nichts.

Was ich auch gern mache, ist vorauszusehen, was heute mit der Post kommt. Wie viele Briefe, Pakete, Zeitungen, Werbung und so weiter, ach so, natürlich die Bettelbriefe nicht vergessen. Wenn man das einigermaßen hinbekommt, kommt Schritt zwei: erraten, von wem die Briefe sind, natürlich ohne den Absender zu lesen. Dann kommt Schritt drei: erraten, was im Brief steht. Eine tolle Übung, die man allein machen kann.

Eine weitere Übung ist, zu erraten, wer anruft und was die Person möchte. Am Anfang würde ich nur raten, ob es eine Frau oder ein Mann ist, später dann, ob es ein Verwandter oder Fremder ist. Und dann, wer dieser Verwandte oder Freund ist.

Eine andere Lieblingsübung von mir ist zu erraten, wie andere Menschen wohnen. Dafür brauchst du einen Freund, der dir hilft und von dem du nicht weißt, wo und wie er wohnt. Du beginnst nun zu erzählen, ob er auf dem Land, in der Stadt wohnt, ob in einem Haus, einem Mehrfamilienhaus, in einer Wohnung oder in einem Block. Daraufhin beschreibst du, wie groß die Wohnung ist, wie viele Zimmer sie hat, welche Möbel drinstehen, aus welchem Material der Fußboden ist, welche Bilder dort hängen, ob aufgeräumt ist und so weiter.

Eine andere tolle mediale Übung ist: Lass dir von einem Freund einen Gegenstand geben und fühle dich in diesen hinein. Von Vorteil ist es, wenn der Gegenstand für den Besitzer etwas Besonderes darstellt und er ihn schon länger besitzt. Dann schreib alles auf, was dir gezeigt wird. Schreib den Charakter des Besitzers auf, Alter, Aussehen, seine Wohnung, ob er in einer Beziehung lebt, eventuell wie die Partnerin beziehungsweise der Partner aussieht, welche Hobbys er hat und so weiter. Diese Übung nennt man Psychometrie. Das Gleiche kannst du auch mit Fotos machen. Oder mit einem Namen und dem Geburtsdatum, die du auf einen Zettel schreibst. So, das sind ein paar Möglichkeiten, deine Medialität zu entdecken und zu entwickeln. Ich wünsche dir viel Spaß beim Üben.

Meiner Meinung nach ist auch regelmäßige Meditation von Vorteil. Sie hilft dir, zur Ruhe zu kommen und dich selbst besser kennen zu lernen. Eine meiner Lieblingsmeditationen verrate ich dir hier:

Nimm dir etwa eine halbe Stunde Zeit und schalte dein Handy und sonstige Störquellen aus. Am besten setzt du dich auf einen Stuhl oder legst dich auf ein Bett, falls dir das bequemer erscheint. Richte deine Aufmerksamkeit nun auf deinen Atem. Nimm wahr, wie du ein- und ausatmest. Mach das etwa fünf Minuten. Richte deine Aufmerksamkeit anschließend auf dein Herzzentrum und sieh dort ein kleines Lichtlein, dein göttliches Licht. Lass dieses Licht vom Herzzentrum aus in deinen Körper strahlen, in jede einzelne Zelle, lass dir Zeit. Dehne es dann auch über deinen Körper hinaus, bis es deine

ganze Aura umfängt. Lass dir Zeit. Bleib die restliche Zeit einfach in deinem göttlichen Licht sitzen. Zum Schluss ziehst du dein Licht langsam ins Herzzentrum zurück und öffnest dich wieder für dein Tagesbewusstsein. Diese Meditation ist sehr einfach und sehr wirkungsvoll. Falls du Lust hast, regelmäßig zu meditieren, melde dich doch bei einer Meditationsgruppe an. Gemeinsames Meditieren macht großen Spaß. Du bist auch herzlich bei mir in der Meditationsgruppe willkommen. Infos findest du auf meiner Homepage:
www.new-ava lun.ch.
Die Gruppen treffen sich an mehreren Orten in der Schweiz und ab und zu auch in Deutschland. Außerdem erfährst du auch, auf dieser Website auch welche anderen Kurse und Seminare ich veranstalte. Ein bisschen Werbung muss ja sein, oder?

Interview

Wie soll man ein solches Buch am besten abschließen? Das ist eine Frage, die ich mir schon vor einiger Zeit gestellt habe, da ich noch bis in alle Ewigkeit schreiben könnte. Aber ich muss ein Ende finden. Deswegen habe ich mir überlegt, dass ich zum Schluss auf die Fragen eingehen werde, die mir am häufigsten gestellt werden. Viele meiner Aussagen kannst du, lieber Leser, vielleicht nicht verstehen oder bist nicht der gleichen Meinung. Das macht überhaupt nichts! Ich weiß selbst nicht, ob ich diese Fragen in ein paar Jahren noch genauso beantworten würde, doch heute und jetzt sind die Antworten für mich persönlich richtig. Finde deine eigenen Antworten auf die Fragen.

Ist die Hellsichtigkeit für dich eine Gabe oder ein Fluch?

Früher betrachtete ich sie als Fluch, später als besondere Gabe. Heute sehe ich sie weder als Gabe noch als Fluch, sie ist einfach ein Teil von mir. Gabe oder Fluch ist unwichtig, wichtig ist allein, was man daraus macht. Hellsichtig zu sein, heißt noch lange nicht, dass man ein guter und spiritueller Mensch ist. Das wird zwar von vielen Hellsichtigen so verkauft, aber es stimmt nicht. Im Grunde genommen ist jeder Mensch hellsichtig. Auch viele Satanisten sind Medien und hellsichtig. Das zeigt dann ziemlich deutlich, dass man kein besonderer Mensch ist, nur weil man mehr sieht als andere.

Es gibt aber auch mediale Menschen, die sich für etwas ganz Besonderes halten. Die sagen, dass sie die Gabe von Gott haben.

Davon sind nicht nur mediale Menschen betroffen. Für mich ist jeder Mensch besonders, ob hellsichtig oder nicht. Die Medien, die sich für ein ›Geschenk Gottes‹ halten, dürfen das ruhig tun. Das ist ihr Weg und nicht meiner. Ich halte jeden Menschen für ein Geschenk Gottes. Wie gesagt, betrachte ich es nicht als Privileg, hellsichtig zu sein, man kann genauso ein schlechtes Medium sein, ob man hellsichtig ist oder nicht! Ich habe viele davon in dieser »spirituellen Szene« kennen gelernt. Die gibt es überall, so wie es auch überall Menschen gibt, die sich für etwas Besonderes halten. Erfahrungsgemäß sind meistens die, die ihre Einzigartigkeit am lautesten hinausposaunen, gerade jene, vor denen man sich in Acht nehmen sollte.

Was hältst du von Wahrsagerei?

Ich sehe mich nicht als Wahrsager oder Zukunftsdeuter. Ich bin ein Mensch und habe mediale Fähigkeiten, dadurch empfange ich Botschaften aus anderen Dimensionen. Doch warum sollte ich einem Menschen sagen, was morgen auf ihn zukommt? Ich halte es für sinnvoller, ihm dabei zu helfen, seine Muster aufzulösen. Oder ihm zu sagen, wo ich das Problem sehe und was er tun könnte, um es zu lösen, oder woher es kommt. Oder einen

Kontakt zu einem verstorbenen Angehörigen herzustellen, damit dieser seine Trauer verarbeiten kann. Doch es bringt nicht viel, wenn ich sage, es passiert dieses oder jenes in deinem Leben. Weiterentwicklung des eigenen ICH, darin sehe ich Sinn. Die Menschen auf IHREN Weg zu führen, dafür möchte ich meine Hellsichtigkeit einsetzen und nicht, um ihnen zu sagen, wann sie die perfekte Liebe finden werden. Zukunftsprognosen halte ich nur in wenigen Fällen für sinnvoll. Wichtiger ist, dass der Mensch im Jetzt sein Leben leben kann.

Aber du kannst die Zukunft sehen, oder?

Ja, es gibt Dinge, die ich vorhersehe, wenn ich das möchte.

Kannst du nicht etwas darüber sagen, was in Zukunft auf der Erde passieren wird?

Lebe lieber heute und nicht in der Zukunft. Genieße jede Sekunde und spiele auf dem Spielplatz der Erde dein Spiel. Genieße einfach dein Leben.

Das ist nicht die Antwort, die ich hören möchte. Gibt es denn keine Naturkatastrophen, Erdbeben oder sonstigen wichtigen Ereignisse? Wann sind die Kriege zu Ende? Was passiert im Jahr 2012? Ist dann alles zu Ende, oder beginnt dann das Paradies?

Doch, natürlich gibt es weiterhin Naturkatastrophen, aber dafür muss man kein Hellseher sein, sondern nur mit gesundem Menschenverstand denken. Die Kriege sind dann zu Ende, wenn die Menschen Frieden im Herzen finden, denn der Krieg entsteht im Herzen der Menschen, durch die eigene Unzufriedenheit, Macht, Gier, Ego-Gedanken. Was 2012 passiert? Diese Frage wird oft gestellt, aber nicht nur mir: Neulich habe ich an einem Seminar von Bruno Würtenberger teilgenommen, und der hat die Antwort auf den Punkt gebracht: Es wird nichts geschehen, einmal abgesehen davon, dass am 22. Dezember 2012 der längste Zyklus des Mayakalenders endet. Ansonsten wird alles so bleiben, wie es ist. Keine Apokalypse und keine Rettung von Außerirdischen oder was weiß ich noch alles. Vielleicht ist der Typ, der den Mayakalender gemacht hat, einfach zu früh gestorben, und deswegen gibt es kein 2013? Vielleicht hatte er einfach keine Lust mehr, den Kalender weiterzuführen?

Soweit ich weiß, stimmt unsere Zeitrechnung ohnehin nicht. Sie ist um etwa sieben Jahre verschoben, und somit befinden wir uns nicht im Jahr 2006, sondern im Jahr 2013! Hoppla, da haben wir doch glatt das Jahr 2012 verpasst, und es ist nichts passiert! Hm, was machen wir jetzt? Also ich werde im offiziellen Jahr 2012 ein Seminar halten, und falls du dann noch nichts vorhast, bist du herzlich eingeladen.

Okay, ich gebe es auf. Aber wollen die Menschen überhaupt ihren Weg gehen? Sind sie nicht enttäuscht, wenn du ihnen nicht die Zukunft voraussagst?

Ja, manchmal enttäusche ich die Menschen. Doch das zeigt mir, dass diese Menschen nicht an sich arbeiten möchten und erwarten, dass ich ihre Arbeit mache. Aber das kann und will ich nicht. Lieber jemandem sagen, ich kann es nicht oder ich will es nicht, als einfach irgendetwas erzählen, nur damit er zufrieden ist.

Du hast bei vielen Dingen eine komplett andere Ansicht als andere Hellseher / Medien, woher weißt du, dass du recht hast?

Ich habe recht, weil ich nicht recht haben möchte! Wie gesagt, es ist nur meine Meinung, und ich vertrete nur das, was ich sehe. Ich habe aufgehört, in Büchern nachzulesen, wie es ›ist‹, sondern habe mich auf den Weg gemacht, um es selbst herauszufinden. Ob es dann für alle richtig ist, weiß ich nicht. Doch für mich ist meine gefundene Wahrheit richtig – bis ich eine neue Wahrheit finde oder einen Beweis dafür bekomme, dass ich nicht recht habe. Doch mir geht es auch nicht darum, recht zu haben, ich kann nur meine Meinung vertreten. Nur weil in hundert Büchern XY steht und tausend Leute XY sagen, heißt das nicht, dass es so ist. Wenn ich YY sehe, dann sage ich das. Ob ich allein dastehe oder nicht. Hätte niemand gesagt, dass die Erde rund ist, oder angefangen, Häuser zu bauen, würden wir heute noch in Höhlen wohnen. Vielleicht sehe ich die Dinge falsch. Kann gut sein. Doch für mich sind sie richtig, und ich will ja nicht, dass die Menschen mir glauben, sondern dass sie ihre Wahrheit finden.

Meistens herrscht bei deinen Vorträgen eine heitere Stimmung. Die Zuhörer lachen viel, auch wenn es um sehr ernste Themen geht. Nimmst du die Themen nicht ernst?

Doch, natürlich nehme ich sie ernst. Aber nur weil es vielleicht schwierige Themen sind, heißt das ja nicht, dass man nicht Spaß haben darf. Wenn in den Kirchen wieder mehr gelacht würde, würden die Menschen auch viel lieber wieder dorthin gehen. Ich mache ja nicht den Clown, sondern bin so, wie ich bin. Wenn die Menschen lachen, freut mich das, denn Lachen ist die beste Therapie. Ich glaube, Gott ist ein sehr humorvoller Typ. Sind wir doch mal ehrlich, er muss viel Humor gehabt haben, als er uns geschaffen hat. Hätte er keinen Humor, und würde er sich nicht gern unterhalten, hätte er uns bestimmt nicht so geschaffen, wie wir sind. Ein Tier ist bei weitem nicht so unterhaltsam und lustig wie ein Mensch. Stell dir nur vor, du sitzt auf einer Wolke und bist selbst kein Mensch, wie lustig dies wäre! Ach so, ich glaube nicht, dass Gott auf einer Wolke sitzt. Nur damit keine Gerüchte kursieren. Er sitzt natürlich auf seinem Thron und hat einen weißen langen Bart.

Was hältst du von der Aussage, man müsse, um spirituell weiterzukommen, Vegetarier sein?

Falsch! Dennoch finde ich es persönlich sinnvoll, sich über fleischlose Ernährung Gedanken zu machen. Ich selbst esse kein Fleisch, bin aber auch kein fanatischer Vegetarier-Missionar, denn damit erreicht man meistens das Gegenteil. Für mich ist klar, dass Vegetarier seltener an Magen-Darm-Krebs erkranken. Unser Verdauungssystem ist eigentlich überhaupt nicht für die Ernährung mit Fleisch gedacht. Auch das Märchen, dass unsere Eckzähne früher Reißzähne waren, finde ich mehr als nur lustig. Und außerdem fehlen den Vegetariern ja auch wichtige Nährstoffe und Vitamine. Kein seriöser Ernährungsberater oder Arzt würde dieses Märchen im Jahr 2006 noch bestätigen. Ja, ja, wir wissen es. Die Erde ist eine Scheibe, und wir Menschen sind doof und glauben alles, was uns erzählt wird. Egal, mich stört es nicht, wenn Menschen Fleisch essen.

Ich möchte zu dieser Frage noch ein Gedicht anfügen, das mich überzeugt hat:

Du sagst: »Ich liebe die Bäume«,
    aber du fällst sie.
Du sagst: »Ich liebe die Natur«,
    aber du verseuchst sie.
Du sagst: »Ich liebe die Vögel«,
    aber du sperrst sie ein.
Du sagst: »Ich liebe die Tiere«,
    aber du lässt sie töten und isst sie.
Nun habe ich Angst.
    Du sagst zu mir: »Ich liebe dich.«

Bruno Würtenberger, 1996

Hast du Angst davor, als Spinner bezeichnet zu werden?

Ja, früher hatte ich große Angst. Auch heute manchmal noch, doch ich versuche, die Angst loszuwerden. Lieber ein Spinner sein, als diese schönen Dinge nicht zu erfahren. Ich bin froh, ein ›Spinner‹ zu sein. Hey, lass uns das Spiel spielen, ich sehe was, was du nicht siehst!

Wer oder was war für dich sehr wichtig?

Ganz viele Menschen und viele Ereignisse, an denen ich wachsen durfte. Doch einer der wichtigsten Menschen in meinem Leben war und ist sicher meine Mutter. Sie hat mir immer geglaubt und intuitiv so vieles richtig gemacht. Danke, dass du an mich glaubst, du weißt gar nicht, wie wertvoll das ist!

Und natürlich noch ganz viele andere Menschen, eigentlich jeder, der einmal in mein Leben trat. Diejenigen, welche es gut mit mir meinten, und diejenigen, welche es nicht gut mit mir meinten. Ich verzeihe euch und bedanke mich, dass ich an euch wachsen durfte.

Gibt es Tage, an denen du dir wünschst, nicht hellsichtig zu sein?

Ja, auch diese Tage gibt es. Vor allem, wenn ich schlimme Dinge sehe. Wenn mich zum Beispiel ein guter Freund etwas fragt, und ich weiß, dass es nicht gut ausgehen wird. Das sind sehr unangenehme Situationen. Oder ein anderes Beispiel: Als ich noch mit Sandra zusammen war, war sie auf Wohnungssuche, und als sie ihre Traumwohnung gefunden hatte, rief sie mich an und erzählte: »Ich habe eine ganz schöne Wohnung angeschaut, hoffe nur, ich bekomme sie!« Sie hörte gar nicht mehr auf zu schwärmen, aber als sie mir davon erzählte, wusste ich schon, dass sie die Wohnung nicht bekommen würde. Ich wollte es ihr nicht sagen, da sie sonst vielleicht wütend auf mich geworden wäre. Stattdessen zählte ich alle Nachteile dieser Wohnung auf, ich wollte ihr die Enttäuschung ersparen. Der Schuss ging nach hinten los. Sie war sauer und verstand nicht, warum ich ihr alles miesmachte. Ich verstand sie, und als sie die Wohnung wirklich nicht bekam, konnte ich ihr die Wahrheit sagen. Da meinte sie: »Weißt du, manchmal wäre es mir lieber, du würdest es einfach sagen, wenn du siehst, dass etwas schiefgehen wird, als mir alles mieszumachen, nur damit ich nicht so enttäuscht bin.« Damit hatte sie recht. Doch manchmal bin ich mir nicht sicher, ob ich immer die ›Wahrheit‹ sehe, auch ich bekomme viele falsche Informationen oder verstehe die Visionen erst im Nachhinein.

Es ist auch nicht ganz einfach, wenn du beispielsweise jemanden siehst und weißt, dass gerade sein Vater oder ein anderer Verwandter gestorben ist. Ist mir gerade kürzlich passiert. Ich war am Bahnhof und wollte Sibylle abholen, sie kam mit einer Kollegin, wir haben kurz hallo und tschüss gesagt, und ich wusste, dass der Vater der Kollegin gestorben war. Zwei Tage später fragte ich Sibylle, ob es stimmte, und sie bestätigte es. In solchen Situationen weiß ich nicht, wie ich mich verhalten soll: Soll ich einfach so tun, als wüsste ich nichts, oder soll ich etwas sagen? Das ist manchmal sehr schwer, aber im Großen und Ganzen sind ich und meine Medialität richtig gute Freunde geworden.

Wenn du alles siehst, haben die Menschen dann nicht auch Angst vor dir? Und wie sieht das in der Beziehung aus?

Eine nicht ganz leichte Frage, da müsste man die Menschen um mich herum fragen. Ich sehe ja nicht alles! Wenn ich auf einen Menschen treffe, weiß ich nicht um seine tiefsten Geheimnisse, sondern ich sehe Kleinigkeiten, mit denen er sich gerade beschäftigt. Wenn mir Menschen Fragen stellen oder mir etwas erzählen, bekomme ich meistens die Antwort oder sehe mehr. Manchmal geschieht das aber auch erst, wenn sie gegangen sind. Es ist oft so, dass sich die geistige Welt erst meldet, wenn ich etwas gefragt werde und mich danach verabschiede. Es gibt aber auch manche Tage oder Situationen, da weiß ich schon vorher, was kommt, aber die sind nicht so häufig. Ich schaue ja nicht einfach in die Menschen hinein. Mein Lehrer sagt immer: »In der Zeitung von anderen Menschen, liest man ja auch nicht, ohne vorher zu fragen.« Auch wenn es verdammt spannend ist. Früher fand ich es schon sehr interessant, in die Menschen hineinzuschauen, aber ich habe bald gemerkt, dass das nicht gut ist. Ich höre oft: »Weißt du, bei dir kann ich mich nie hinter einer Maske verstecken, denn ich weiß, sobald ich versuche, etwas vor dir zu verbergen, siehst du es sofort.«

Das ist leider so: Wenn jemand versucht, mir krampfhaft etwas vorzumachen, sehe ich es meistens, zum Beispiel wenn jemand sagt, es gehe ihm gut, obwohl es nicht stimmt. Das sind Situationen, in denen ich gerne helfen würde, doch ich weiß, dass ich das nicht darf – erst wenn der Betreffende mich fragt, was ich davon halte. Manchmal gebe ich einfach unbewusst einen Hinweis oder erzähle etwas aus meinem Leben, etwa eine ähnliche Situation, und hoffe, der andere versteht meinen kleinen Wink. Sandra hat mir einmal gesagt: »Deine Geschichten erzählst du nie einfach so, sie enthalten immer einen kleinen Lernprozess für mich.« Doch manchmal weiß ich nicht mal, warum ich diese oder jene Geschichte erzähle. Mir wird einfach durchgegeben, erzähl dies oder sag jenes, und erst an der Reaktion meiner Zuhörer merke ich, warum ich etwas erzählen musste. Ich bin eigentlich wirklich nur ein Werkzeug der geistigen Welt, keine Vision oder Wissen kommt von mir, sondern wird mir gegeben.

In einer Beziehung ist das manchmal wirklich nicht so leicht. Doch ich habe mir gesagt, dass ich nichts sehen möchte, außer wenn es sehr wichtig ist, und die geistige Welt akzeptiert das. Denn ich sehe in jeder Beziehung einen Lernprozess. Wenn ich vieles vorher oder einfach zu viel über meinen Partner weiß, bringe ich mich um meinen Lernprozess, und ich bin ja hier, um meine ›Muster‹ und ›Schatten‹ aufzulösen. Hätte ich nicht auch mit Eifersucht und Unsicherheit zu kämpfen, könnte ich diese ›Muster‹ und ›Schatten‹ nicht auflösen. Aber deswegen sind wir ja auf der Erde, um möglichst viele Muster aufzulösen und zu wachsen. Jemand sagte einmal: »Wenn du nur auf der Erde bist, um Geld zu verdienen, wirst du bei deinem Tod auch nichts anderes als Geld haben!« Natürlich sind wir auch hier auf der Erde, um Spaß zu haben. Das vergessen die meisten. Die Erde ist ein riesiger Spielplatz mit tausend Möglichkeiten, wo wir Freude und Spaß erleben können. Meines Wissens haben wir aber nur hier einen grobstofflichen Körper. Deshalb können wir nur hier eine Umarmung, Sex, Streicheln, Schmerz und alle Freuden und Lasten unseres Körpers fühlen und erfahren. Viel Spaß dabei!

Du sprichst oft davon, dass wir eine Aufgabe auf der Erde haben und dass es einen Grund gibt, warum eine Seele hier in-

karniert. Glaubst du, wir sind wie in einer Schule und das Klassenzimmer ist die Erde?

Ja, so könnte man es nennen. Doch wenn ich von Aufgaben spreche oder von Sinn, hat das für die Leser oder Zuhörer immer so einen strengen Beigeschmack. Ich sehe die Erde eher als Spielplatz. Nicht als wirkliches Klassenzimmer. Klassenzimmer hört sich an, als ob ein Lehrer in der Nähe wäre. Doch auch beim Spielen lernen wir. Wir machen Fehler, fallen hin, essen ab und zu mal Dreck, lachen, weinen, verlieben uns und so weiter. Wir erfahren uns selbst. Ich glaube, genau das ist es, was Gott will! Wir sind ja alle ein Teil von Gott, er ist ja nicht der alte Mann mit Bart, sondern alles ist Gott. Wir Menschen sind ein wichtiger Teil von Gott. Gott lernt durch uns, sich selbst zu erfahren. Dinge, die er sonst nicht erfahren kann. Gott weiß nicht, wie es ist, Schmerzen zu haben, da er keinen Körper hat, doch wir als ein Teil von Gott haben einen Körper und können diese Erfahrung machen. Ist doch wunderbar. Stell dir nun mal vor, wir wären alle ein Teil von Gott und deine Frau oder dein Mann, also Gott, kocht für dich! Oder putzt. Gott erfährt sich durch uns.

Gut und schön, aber warum sollte Gott Krieg, Schmerz und Mord zulassen? Das ist doch unlogisch!

Warum unlogisch? Welcher Logik entspricht es, das nicht zu tun? Wie soll Gott oder die Seele das Gefühl von Schmerzen kennen lernen, wenn es keine Unfälle, Morde und Verluste in unserem Leben gibt? Wir dürfen das nicht von unserer menschlichen Warte aus betrachten. Aus unserem Blickwinkel ist vieles grauenhaft. Doch ich denke, von einem anderen Standpunkt aus ist es Liebe. Gott gab dir wie mir den freien Willen, und deshalb können wir entscheiden, ob wir andere verletzen oder nicht, ob wir in Liebe handeln oder nicht. Auch dies ist eine Erfahrung, die Gott durch uns machen möchte.

Wie denkst du über Geld? Dürfen Medien und Heiler Geld für ihre Arbeit verlangen? Es ist doch eine Gabe von Gott?

Ja, ich finde, man darf Geld verlangen. Denn schließlich ist auch eine gute Stimme oder eine Begabung für Mathematik eine Gabe von Gott. Alle Talente kommen von Gott. Der eine kann besser singen, und ich sehe halt ein bisschen mehr als andere! Warum darf ein Heiler oder Medium mit seinem Talent kein Geld verdienen? Bei einem Sänger stört sich ja auch niemand daran. Sieh mal, für Bahnfahrten oder für ein Auto bezahlt man, aber zuerst musste ein Mensch mit einem besonderen Talent die Technik dafür entwickeln. Auch dafür bezahlen wir, das ist doch ganz normal. Außerdem ist es nach meiner Erfahrung nicht ratsam, Sitzungen gegen eine Spende zu geben. Das habe ich selbst lange gemacht, und es war erschreckend. Es kamen Menschen, von denen wusste ich, dass sie kein Geld hatten, und doch gaben sie mir für eine Sitzung 200 Franken. Und es kamen solche, die im Geld schwammen, und gaben mir nach zwei Stunden fünf Franken. Da stimmt dann wirklich etwas nicht! Das war kein Einzelfall: Die meisten, die Geld haben, geben sehr wenig und umgekehrt.

Außerdem sollte sich jeder einmal ausrechnen, wie viele Sitzungen ein Medium geben muss, um am Monatsende auf ein einigermaßen gutes Gehalt zu kommen. Dann würde er nämlich sehr schnell merken, dass ein Heiler oder ein Medium viele Klienten braucht, um von seiner Arbeit leben zu können. Ich hatte früher Probleme damit, Geld zu verlangen, doch heute fällt es mir leicht. Schließlich muss auch ich Miete, Telefonrechnung, Krankenkasse und so weiter bezahlen können. Mir schenkt keiner etwas. Früher waren es meistens Mönche, die das Orakel befragten oder Heilung gaben, und bei ihnen musste man nichts bezahlen. Deshalb herrscht auch heute noch die Meinung, fürs Heilen oder für mediale Beratungen dürfe der Betreffende kein Geld verlangen. Doch sollte man nicht vergessen, dass die Mönche damals von Spenden aus dem Volk lebten. Es war üblich, eine Spende zu geben, und zwar eine großzügige. Jedes Medium und jeder Heiler, der eine gute Ausbildung hat, darf meiner Meinung nach Geld verdienen, und wenn er so gut ist, dass er viel Geld verdient, dann freut mich das. Denn man muss wirklich gut sein, um viel Geld zu machen. Wir sollten aufhören, Geld als schmutzig zu bezeichnen, außer natürlich in Fällen, wo es in schmutzige Hände kommt.

Kann man bei dir auch persönliche Sitzungen buchen?

Ja, natürlich kann man das.

So, und nun zur letzten Frage. Wie siehst du dich selbst, was denkst du über dich?

Das ist eine gute Frage. Ich finde mich ganz normal. Ich bin einfach ich. Wenn man als Medium arbeitet, wird man schnell auf einen Sockel gestellt, aber ich achte immer darauf, nicht auf einem Sockel zu stehen. Ich denke, jeder, der mich kennt, weiß, dass ich ziemlich »auf dem Boden« geblieben bin. Viele sagen mir sogar, dass ich gar nicht wie ein Esoteriker aussehe oder dass sie mir das nie zugetraut hätten. Das betrachte ich als Kompliment.

Ausklang

Nun bin ich am Ende dieses Buches angelangt und möchte zum Schluss noch etwas Wichtiges sagen. Wenn ich das Buch eines Mediums oder Heilers lese, denke ich manchmal plötzlich: »Puh, was die alles können, das werde ich nie können. Das ist ja unglaublich. Die sind viel besser, viel talentierter und, und, und ...« Ich denke, mein lieber Leser, dir wird es manchmal ähnlich gehen, vielleicht ist es dir sogar bei meinem Buch so gegangen.

Ich kann mich noch gut an das Buch eines amerikanischen Mediums erinnern, das absolut präzise war.

»Ich habe gerade das Buch von einem Medium gelesen, und diese Frau ist so was von präzis, davon kann ich nur träumen. Da bekomme ich gleich Depressionen und würde am liebsten aufhören, Sitzungen zu geben«, gestand ich meiner Mutter und Irene. Beide begannen zu lachen. Irene entgegnete: »Sieh mal, die Frau hat ihr Buch mit sechzig Jahren geschrieben, sie hat also ungefähr vierzig Jahre mehr Erfahrung als Medium, und außerdem erwähnt sie bestimmt nur die erfolgreichen Ereignisse. Wer schreibt schon in seinem Buch über die Sitzungen und Erlebnisse, die nicht gut liefen? Wohl niemand. Keiner gibt in seinem Buch seine Misserfolge preis. Diejenigen, die dein Buch lesen, werden auch denken, dass du immer alles hundertprozentig richtig siehst, dabei weißt du selbst, dass das nicht immer zutrifft.«

»Oh ja, das weiß ich!«, gab ich zu.

Warum ich das an dieser Stelle erwähne? Weil ich davon ausgehe, dass Menschen, die mein Buch lesen, sich auch für den Beruf des Mediums interessieren, aus welchen Gründen auch immer. Ich möchte einfach ganz klar sagen, dass ein Medium kein ›Übermensch‹ ist. Wir sind alles ganz normale Menschen, so wie du und ich. Wir haben vielleicht eine Begabung, die in den Augen der anderen übernatürlich sein mag, doch im Grunde ist es wirklich nichts Besonderes. Auch ein Sänger singt manchmal schiefe Töne, so wie ein Medium Dinge falsch interpretieren wird, egal, wie gut es ansonsten arbeitet. Doch mit der Zeit und mit der Erfahrung kommen ›Fehler‹ immer seltener vor. Bis dahin ist es ein weiter, aber wunderbarer Weg. Mein Lehrer Andy sagt immer: »Das Einzige, was mich von dir unterscheidet, ist, dass ich zwanzig Jahre mehr Erfahrung und Training hinter mir habe. Sonst nichts.« Gyan, meine andere Lehrerin, gibt dazu folgenden Rat: »Schaut immer darauf, dass ihr auf dem Boden bleibt. Die Menschen werden euch manchmal auf ein Podest stellen, steigt da aber sofort wieder runter. Es gibt nicht Schlimmeres, als auf dem Podest zu bleiben, denn dann müsst ihr die Verantwortung für die Menschen tragen, die euch bewundern.«

Lieber Leser, zum Schluss möchte ich dich ermutigen, deinen Weg zu gehen, zu lernen und zu üben, dich aber nicht entmutigen zu lassen, sondern Misserfolge lieber zum Anlass zu nehmen, noch besser zu werden. Sieh in anderen Menschen nie einen Gegner. Du darfst den Anspruch haben, besser zu werden, mehr zu können, doch nicht besser als die anderen, sondern besser als du selbst. Wenn du noch einen Wettkampf austrägst, dann nur mit dir selbst. Sei jeden Tag besser, als du gestern warst, aber kümmere dich nicht darum, ob du besser als dein Nachbar, dein Freund, deine Eltern oder wer auch immer bist. Denn diesen Wettkampf wirst du verlieren. Bei so einem Wettkampf gibt es nie einen Gewinner. Wenn du der Beste der Welt bist, was dann? Was hast du dann noch für ein Ziel? Keins mehr, nichts mehr! Dann bist nur noch du da, der deinem Leben einen Sinn geben kann. Gib deinem Leben heute schon einen Sinn, kümmere dich um dich selbst und erkenne, wer du wirklich bist: reines göttliches Licht.

Dank

Ich möchte allen Menschen danken, die mich auf meinem Weg bis heute begleitet haben oder immer noch begleiten. Ganz besonders meiner Mama, die immer für mich da ist und mir hilft, Steine aus meinem Weg zu räumen. Ich danke auch meiner Schwester, da ich mich bei ihr besonders anstrengen musste, um sie von meiner Welt zu überzeugen. Dank gebührt auch meinem Großvater in der geistigen Welt für sein Geschenk, Panda. Auch meinem Vater danke ich für die Unterstützung, die er mir von der geistigen Welt aus gibt. Ein großes Dankeschön an meine Liebe Irene, dass wir den Weg gemeinsam gehen. Einen besonderen Dank an Sandra und Sibylle dafür, dass ihr einen Teil meines Weges mit mir gegangen seid. Dank auch an meinen chaotischen Freund Pablo, der so anders als ich und doch so gleich ist. Du bist immer da, wenn ich dich brauche! Ich habe große Achtung vor dir und *allem,* was du bist. Auch Cello möchte ich an dieser Stelle für seine Freundschaft danken.

Besonderer Dank geht auch an Rahel. Ohne dich würde ich heute nicht das tun, was ich tue. Natürlich will ich auch noch meinen irdischen Lehrern beziehungsweise Lehrerinnen Andy, Sabine und Gyan danken. Ich hatte viele Lehrer und werde noch viele haben. Allen bin ich aus tiefstem Herzen dankbar, doch diese drei haben mein Herz am meisten geprägt.

Ein besonderes Dankeschön geht an meine ›Kumpels‹, Engel, Geistführer und Freunde aus der geistigen Welt für ihre Geduld.

Natürlich möchte ich auch Sabine Giger, meiner Verlegerin dafür danken, dass sie an mich glaubt und immer ermutigende Worte findet. Ich finde es schön, dass sich unsere Wege gekreuzt haben.

Es gäbe noch viele Menschen, denen ich danken möchte, doch das wäre zu viel des Guten. Auch dir, lieber Leser, danke ich von ganzem Herzen. Einfach so, weil ich dich liebe, obwohl ich dich nicht kenne – oder vielleicht doch? Ich danke allen, die in mein Leben getreten sind. Feinde und Freunde, ihr habt mir alle geholfen zu verstehen, ihr habt mich starkgemacht. Auch wenn unsere Wege verschieden sind, bin ich froh, dass es euch gibt und ihr mir so viele Dinge erklärt und mir so viel Zeit geopfert habt. Ich weiß heute, dass nur ich meine Wahrheit finden und meinen Weg gehen kann. Niemand kann mir dabei helfen. Dieser Dank gilt euch allen. Das Leben ist eine Pizza, und die Realität sieht für jeden Menschen anders aus.

So, das war meine ›Hollywood-Oscar-Verleihung‹!

Joerg Kressig, geboren 1962 in der Schweiz, prägte während 15 Jahren die Schweizer Medien, zuerst als jüngster Fernsehansager und Redaktor beim Schweizer Fernsehen, dann als Radiomoderator. Heute ist er u. a. als Beauty- und Stylingexperte tätig und entwickelte eine eigene Kosmetiklinie. Er arbeitet auch als freier Moderator und Fotograf.

Seit mehr als zwei Jahrzehnten bewegt sich Joerg Kressig in der Welt des Glamours, der Models, der Kosmetik und der Mode. Im Innersten aber beschäftigt ihn ein völlig entgegengesetzter Kosmos: Sinnsuche und tiefe Spiritualität. Wie lebt es sich in diesen Extremen? Sind solche Gegenpole überhaupt vereinbar? In seinem Debütroman setzt sich der Autor mit diesen Themen intensiv auseinander. Er nimmt den Leser mit auf eine bewegende Reise ins Innerste – voller faszinierender Erkenntnisse und Inspirationen. In der Auseinandersetzung mit Leben und Tod, der Frage nach dem Sinn des Lebens, entstand dieser Roman.
Inhalt: Ausgebrannt und überarbeitet trifft David zu einem Ayurveda-Urlaub auf Sri Lanka ein. Bereits am ersten Tag begegnet er der geheimnisvollen Jeanne du Moulin. Diese und andere Begegnungen konfrontieren David mit einer Welt, welche seine Sicht auf sein bisheriges Leben komplett verändert. Auf der Suche nach Wahrheit und Selbstfindung wird der Aufenthalt anstrengend, teilweise schmerzvoll und endet schliesslich mit einem Befreiungsschlag.

Joerg Kressig:
Die Bücher von A-ong. Roman.
192 Seiten, gebunden mit Schutzumschlag,
ISBN 978-3-9523202-4-2 · Fr. 34,90 – 20,50 €

www.gigerverlag.ch

Milva Margherita Perniola, geboren 1963 in Winterthur, ist seit ihrer Kindheit medial veranlagt und arbeitete als Lebensberaterin in ihrer eigenen Praxis. Seit über 16 Jahren begleitet sie viele Menschen in ihrem Bestreben nach Veränderung.

Glauben Sie an Schutzengel?
Dann ist diese wunderschöne Geschenkbox der richtige Begleiter für Sie in allen Lebenslagen.
Das Set besteht aus 37 Karten und einem liebevoll handgefertigten Schutzengel mit Schutzbrief, schön verpackt in einer Geschenkbox.
Auf jeder Karte finden Sie einen persönlichen Spruch von Ihrem Schutzengel.
Das zu Herzen gehende Titelbild wurde vom Kunstmaler Matteo Perniola gemalt, dem Ehemann der Autorin.
Ein wunderschönes Geschenk für alle, die an ihren persönlichen Schutzengel glauben.

Milva Margherita Perniola: **Schutzengelkarten.**
Geschenkbox mit 37 Karten und Engel aus Ton.
ISBN 978-3-9521952-7-7
17,90 € – 34,90 CHF

www.gigerverlag.ch